Evolución de las tecnologías y técnicas culinarias

avanza editorial

Editado por:
EDITORIAL FAE, S.L.U.
Correo electrónico: editorial@editorialfae.com

Evolución de las tecnologías y técnicas culinarias
Miren Iciar Madera Larrechea

1ª Edición

ISBN:

Impreso en España

Índice

Módulo 1. Restauración, cocina al vacío y pasteurización

Módulo 2. Esterilización, criogenia, esferificación, planificación y seguridad alimentaria

RESUMEN

GLOSARIO

EJERCICIOS DE AUTOEVALUACIÓN

Aplicaciones prácticas

Ejercicio de evaluación final

Solucionario

Bibliografía

Índice

Módulo 1. Restauración, cocina al vacío y pasteurización

Introducción

El dominio de las técnicas culinarias existentes es importante para todas las personas adultas en general, para las que quieren mejorar los conocimientos, las que se quieren actualizar y sobre todo para las que empiezan en la cocina profesional. Cabe destacar que el mundo de la gastronomía está en constante evolución, refleja los avances tecnológicos, los económicos, la aparición de nueva maquinaria y utensilios, etc.

Por lo tanto, el ámbito gastronómico amplía sus posibilidades y a las técnicas tradicionales, se le suman otras técnicas innovadoras, así como, nuevos métodos de organización y conservación. En este módulo hablaremos de todos esos avances y veremos qué es la restauración diferida y cómo se desarrolla, los distintos sistemas de conservación que existen, así como, qué son las gamas de alimentos, las atmósferas modificadas y los aditivos.

La cocina al vacío es una técnica que, como otras, se ha hecho muy popular tras la pandemia al igual que otras técnicas y métodos culinarios. Por tanto, conoceremos que es la cocina al vacío, haremos un recorrido por la historia de ella y conoceremos cómo se aplica, qué técnicas utiliza y qué relación tiene con la conservación de alimentos.

Por otro lado, vamos a adquirir los conocimientos sobre los nuevos equipos, utensilios y técnicas aplicadas a la cocina moderna.

En primer lugar, vamos a ver la definición de la pasteurización, además de su principal responsable: Louis Pasteur.

Gracias a Pasteur, muchos alimentos como la leche han podido ser transportados a largas distancias sin sufrir alteración en su composición y propiedades. Esto mejoró la conservación de los alimentos y de las personas dado que se frenaron y minimizaron las intoxicaciones que eran producidas por los patógenos de los alimentos.

Después, se explicará la cinética de la muerte térmica de los microorganismos. Seguidamente, se explicará la descripción de un proceso de pasteurización y la influencia del pH y la actividad del agua en los tratamientos térmicos. Finalmente, se hablarán de equipos utilizados en la pasteurización de alimentos.

Objetivos

- Desarrollar y definir las técnicas para la elaboración de cocina mediante la restauración diferida, la cocina al vacío y la pasteurización.

1. Presentación de restauración diferida

1.1. Concepto y desarrollo de la restauración diferida

Como hemos mencionado anteriormente, el ámbito gastronómico amplía sus posibilidades y, a las técnicas tradicionales, se le van sumando otras técnicas innovadoras.

Es necesario conocer las diferentes técnicas, ya que, no todos los alimentos aceptan las mismas. Algunas de las técnicas como saltear, hornear o hervir forman parte de la tradición de las personas, aunque realizarlas de una forma profesional requiere conocimientos y una metodología específica.

Vocabulario

Técnicas culinarias: procesos que se aplican a los alimentos para hacerlos comestibles, conservables y sabrosos. Por medio de estas técnicas se eliminan las bacterias y gérmenes, se potencia el sabor de ciertos alimentos, se facilita el masticado y la digestión, etc.

Fig. 1. En la actualidad existen muchas técnicas culinarias que hacen posible la elaboración de increíbles platos

Existen diferentes clasificaciones para las **técnicas culinarias**, pero hay un consenso para dividirlas en **dos grupos**:

- Con aplicación de calor.
- Sin aplicación de calor.

A. Técnicas sin aplicación de calor

Las técnicas sin aplicación de calor son las que **no necesitan ninguna fuente de calor** para cocinar el alimento. Dentro de este grupo podemos distinguir, a su vez, entre:

- Cocina en medio ácido.
- Cocina en crudo.

1. Cocina en medio ácido

La **cocina en medio ácido:** consiste en introducir el alimento en un aliño cítrico (lima, naranja, vinagre o limón). Con esta técnica se busca aportar sabor, aromas y modificar las propiedades del producto al igual que ocurre cuando se cocina con calor. En ambos casos, en la cocina con calor y la cocina con medios ácidos, se producen transformaciones químicas o químico-biológicas, proteicas o de textura. La diferencia está en que los ácidos no eliminan ciertos parásitos y microorganismos como sí ocurre al aplicar calor, por eso es necesario aplicar otras medidas de seguridad antes de cocinarlos, como es la congelación. Un ejemplo es el cebiche.

Fig. 2. Ejemplo de un plato de ceviche

 Cita

"Si hablamos de elaboraciones crudas, pero cocinadas es porque los productos empleados han sido transformados físicamente, elaborándose por medios distintos de la aplicación de calor o de la presencia de microorganismos o enzimas". Ferran Adrià.

Dentro de este tipo de cocina se entrarían las siguientes técnicas:

- **Salazones.** Esta técnica ancestral consiste en deshidratar el producto para inhibir la aparición de bacterias que se encuentran en el agua natural del alimento, de esta forma se conservará durante más tiempo. Se puede hablar de dos tipos de salazones:
  - **Secos**, cuando el alimento se conserva solo en sal.
  - **Líquidos**, que consiste en introducir el producto en una solución salina conocida como salmuera.

Fig. 3. Un ejemplo de este tipo de técnica son las anchoas

- **Marinado**. Trata de unir un alimento crudo con un elemento que lo conserve durante algún tiempo, para después consumirlo o cocinarlo. Además, lo aromatiza, suaviza el sabor y olor. Existen dos tipos de marinados, los secos que consisten en enterrar el alimento en azúcar o sal y el marinado líquido, que utiliza vino, lácteos o aceite a los que se les puede añadir especias o cualquier otro elemento para potenciar el sabor.

Fig. 4. Marinar la carne es una de las técnicas culinarias más usadas en cocina

Algunos ejemplos de alimentos cocinados mediante esta técnica pueden ser:

o   Los escabeches (se hacen con vinagre).

o   Los ceviches (con zumo de cítricos).

o   Los adobos (suelen llevar una mezcla de aceite, ajo y pimentón).

- **Macerados.** Se llama macerar a poner en remojo alimentos con licores o vinos para que absorban su sabor. Entre otras cosas, con esta técnica se busca que el producto quede aromatizado y, en el caso de las carnes, más tiernas. Los jugos resultantes de la maceración, a menudo se usan para elaborar salsas.

 **Saber más**

Una de las principales diferencias entre el marinado y el macerado, es el tiempo de exposición del producto a los elementos añadidos. En el caso de los macerados, la exposición no superará las 24h.

Salsas frías. Por ejemplo, la salsa mahonesa o la vinagreta. Se realizan en crudo y generalmente son salsas emulsionadas. Diferentes tipos de salsas frías elaboradas en frío y que normalmente se sirven como aperitivo o acompañamiento

Fig. 5. Presentación de distintas salsas

2. Cocina en crudo

En las técnicas de cocinado para **consumo en crudo,** lo importante es la calidad del producto: cuanto mayor sea la calidad de este, más matices se apreciarán en el plato y más garantías de salubridad tendrá.

Antes de cortar el producto, como **medida sanitaria**, es necesario congelarlo, luego, durante el proceso de descongelación es cuando se corta, de esta forma resulta más fácil el corte.

Como ejemplo de esta técnica tenemos:

- **Carpaccio**. Consiste en cortar el alimento en láminas lo más finas posible y servirlas en frío. Se puede acompañar con mayonesa suave, aderezarlos con aceite de oliva, sal, zumo de limón y otros condimentos. En ocasiones, suele estar acompañado de lascas de queso parmesano.

Fig. 6. Carpaccio con parmesano

- **Tartar**. La RAE define lo define como: cualquier "plato hecho con carne o pescado picados, crudos y adobados".

B. Técnicas con aplicación de calor

En lo que se refiere a las técnicas culinarias con aplicación de calor, se refiere a las que **requieren procesos de cocción**. Se destacan:

- La **cocción en medio seco** se trata de los asados, cocina a la brasa, a la plancha, el ahumado o el gratinado.

- La **cocción en medio húmedo**, la cual usa la fuente de calor que desprende un líquido para cocinar, por ejemplo, la cocción al baño maría, al vapor y al vacío.

- La **cocción en medio líquido** se trata de las técnicas en las que se sumerge el alimento en líquido caliente como el escalfado o el hervido.

- La **cocción en medio graso**, son las técnicas que utilizan aceites o mantecas para la cocción de alimentos a altas temperaturas, como los salteados.

- Los **cocidos en combinación de medios**, como los estofados, rehogados o sofritos.

En la actualidad existen una gran variedad de técnicas de cocina, algunas de las cuales son muy sofisticadas y requieren conocimientos. Sin embargo, existen además otras muchas técnicas que ayudan a mejorar los métodos de preparación de alimentos recomendados para los no profesionales.

A continuación, se enumeran algunas de las **técnicas más relevantes**:

- **Adobar**. Consiste en introducir un alimento crudo dentro de un preparado que se llama adobo (normalmente se hace con sal, orégano, ajo, vinagre y pimentón), este adobo sirve para darle un aroma especial o conservar el producto.
- **Baño María**. Se trata de introducir un alimento en una vasija que a su vez se introduce en un recipiente con agua y se pone al fuego lento y constante. Se usa para elaborar postres como el flan o conservas.
- **Escaldar**. Consiste en introducir algo en agua hirviendo durante poco tiempo. A continuación, se enfría en agua con hielo y así parar la cocción.
- **Empanar o rebozar**. Se trata sencillamente de pasar por harina, huevo batido y pan rallado para pasar a freírlo. Se usa sobre todo con pescados, verduras o carnes.
- **Escalfar o pochar**. Consiste en la cocción de un alimento en agua, pero sin que llegue a hervir. Se hace con huevos sin la cáscara.
- **Flambear**. Consiste en rociar un plato o preparación con un licor y prender fuego. Se usa con platos salados como carnes y platos dulces como postres.
- **Rehogar o sofreír**. Consiste en cocinar un alimento a fuego lento, que se vaya cocinando poco a poco sin que tome mucho color.
- **Reducir**. Se trata de disminuir el volumen de un líquido por la evaporación, se hierve en el fuego para que se concentre.
- **Saltear**. Consiste en cocinar un alimento a fuego vivo durante poco tiempo a fin de que quede dorado por fuera y jugoso por dentro.
- **Tamizar**. Significa pasar por un colador productos como la harina para quitarle impurezas y hacerla más fina.

Una vez vistas las principales técnicas culinarias, no debemos olvidar que es indispensable conservar la **cocina tradicional** ya que, a través de ella, transmitimos costumbres y tradiciones que pueden ser tanto nacionales como locales. Pero, al mismo tiempo, la cocina es un área con gran dinamismo, donde cada día se producen esfuerzos por mejorar las técnicas, sorprender a la clientela con nuevas propuestas e incrementar el rendimiento de los materiales y productos que se utilizan.

En este sentido la tecnología también juega un papel importante. Las nuevas tecnologías deben actuar como complementos a la cocina tradicional con el objetivo de mejorar o potenciar algunos aspectos. Cabe destacar algunas **herramientas innovadoras**, como son:

- **Las placas de inducción**. Es un electrodoméstico para cocinar como la vitrocerámica, y que supone la evolución desde la cocina de leña hasta nuestros días. Trabaja como su nombre indica, con el principio de inducción, basado en la ley de Faraday, y consiste en la generación de calor a partir de un campo electromagnético. Al encender la placa, el calor se transmite directamente al recipiente donde se va a cocinar, esto supone un ahorro importante, tanto energético como de tiempo, ya que, el calor no se pierde por los lados como puede ocurrir en las cocinas de gas o en las vitrocerámicas.

Un ejemplo de la aplicación de la tecnología es la cocina de inducción. Está demostrado que es un 75% más rápido que otro tipo de cocinas como las vitrocerámicas. Además, se consume menos energía, se pierde menos energía al apagar y se controla mejor la temperatura.

- **Hornos inteligentes.** Suponen la evolución de los hornos convencionales. Uno de los avances más importante en este tipo de hornos ha sido la incorporación de tecnologías TIC y Wifi, lo que hace posible, por ejemplo:
  - Control por voz y en remoto.
  - Incorporan un recetario que se puede ampliar por Wifi.
  - Reconocen las mejores condiciones para un cocinado óptimo. (humedad, temperatura, etc.).

En cocinas profesionales, estos avances, permiten optimizar personal y recursos de tiempo, pudiendo emplear el tiempo restante en otras tareas sin preocuparse por la elaboración del plato que se está cocinando en el horno inteligente.

- **Abatidores de temperatura**. Son máquinas o equipos de enfriamiento empleados sobre todo en cocinas profesionales. Permiten tanto enfriar como congelar rápidamente los alimentos, haciendo que los productos conserven sus propiedades y nutrientes durante más tiempo.

En algunos casos, como complejos hoteleros, hospitales y empresas de catering, estas nuevas tecnologías se usan para rentabilizar la producción a gran escala

- **Luces integradas en la grifería**. Indican si el agua está fría o caliente. En momentos de mucho trabajo el visualizar la luz azul, que indica agua fría o la luz roja, agua caliente, es muy útil.

- **Tenedor inteligente**. Dispone de una pequeña pantalla en el mango para indicar cómo está cocinado el alimento y saber exactamente la temperatura en su interior.

Fig. 7. Los tenedores inteligentes permiten conocer la temperatura de los alimentos

- **Sartén inteligente**. Dispone de una pantalla digital en su mango en la que se puede elegir el producto que se va a cocinar, con el objetivo de controlar la temperatura y los grados hasta lograr que el alimento llegue al punto deseado de la clientela. Además, avisa cuando el aceite está listo para freír.

- **Impresoras en 3D**. Su futuro aplicado a la cocina tiene expectativas muy buenas, ya que permiten explotar la parte creativa de la cocina, permitiendo crear formas imposibles o representaciones, combinando diferentes productos naturales.

- **Brazo robot de cocina**. Son la evolución de los robots de cocina tradicionales. Literalmente se trata de brazos robóticos que permiten no solo realizar las tareas de cocina como remover o mezclar frituras, guisos o cremas de manera continua, sino que, además, puede buscar recetas, recordarlas y ejecutarlas.

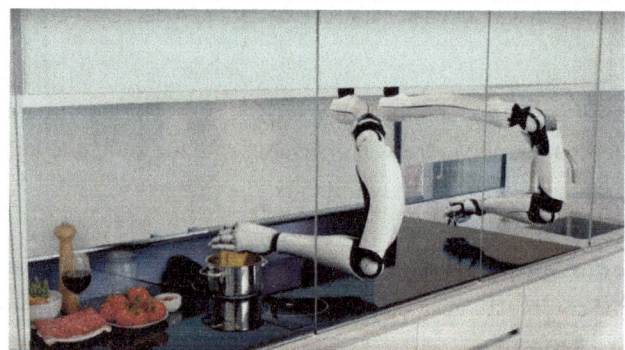

Fig. 8. Brazos robóticos, el futuro ya está en nuestras cocinas

 **Saber más**

Existen opiniones de todo tipo sobre el uso de las nuevas tecnologías en la cocina. Expertos afirman que subirá el paro si se sigue sustituyendo a personas por máquinas. Pero no se puede obviar que la tecnología se ha implementado para complementar el trabajo. A pesar de esto, el toque final humano de un jefe de cocina o demás personal va a ser necesario para la terminación de un plato.

En cuanto a **técnicas**, nos encontramos con la **restauración diferida** que es una práctica habitual en restauración mediante la "mise en place". El objetivo de la producción diferida es la de incrementar la productividad, reducir los costes y respetar los criterios de higiene alimentaria y los de calidad.

Real Decreto 1109/1991, de 12 de julio de 1991, por el que se aprueba la Norma General relativa a los alimentos ultracongelados destinados a la alimentación humana.

Real Decreto 3484/2000, de 29 de diciembre, por el que se establecen las normas de higiene para la elaboración, distribución y comercio de comidas preparadas. Mediante esta disposición, se posibilita que las empresas del sector de comidas preparadas utilicen nuevos sistemas de conservación de los productos alimenticios, siempre y cuando exista evidencia científica o técnica de las garantías de seguridad y salubridad y así se demuestre a las autoridades competentes. Esta nueva concepción se inspira en los trabajos más recientes del «Codex Alimentarius».

La idea es que una vez cocinados los productos se someten a un proceso rápido de enfriamiento de forma controlada y, posteriormente se almacenan a una temperatura de refrigeración hasta que se sirva.

Mediante esta técnica, se elabora la comida con antelación con el objetivo de organizar la producción en un establecimiento de comida, sobre todo en el caso de que haya un gran número de comensales como en bodas o eventos.

Se define la **producción diferida** a los platos que se elaboran para ser consumidos o utilizados en posteriores días. Generalmente se conservan en la cámara frigorífica y se convierten en productos refrigerados.

No obstante, existe un riesgo alto de contaminación durante su manipulación y posterior conservación, por lo tanto, se debe ser muy cautelosa durante la elaboración para evitar así, la toxiinfección alimentaria y la contaminación cruzada.

Todas las empresas que envasan, almacenan, elaboran, suministran o distribuyen comidas preparadas, tanto en un establecimiento ajeno o propio, deben estar inscritas en el Registro General Sanitario de Alimentos. De lo contrario, las empresas que elaboran envasan, sirven o almacenan en su local comidas preparadas directamente a las personas destinatarias quedan excluidas de la obligación de registrarse en el Registro General Sanitario de Alimentos. No obstante, estos establecimientos deben disponer de autorización sanitaria que se concede por la autoridad competente antes del comienzo de la actividad.

Los **productos preparados en la restauración diferida** se pueden clasificar en **tres grupos**:

- **Preelaborados**. Se refiere a los productos precocidos que se destinan al ensamblado o elaboración de otros platos como pescados, salsas o guarniciones.

- **Semielaborados**. Son productos que han sido transformados en crudo y están destinados a la elaboración de otros platos como verduras, carnes o pescados.

- **Elaborados**. Se refiere a productos terminados y que se encuentran listos para consumir en frío.

Fig. 9. Los productos elaborados se presentan directos para ser consumidos

A este tipo de platos se les puede aplicar **diferentes tipos de tecnología**. Dependiendo del plato puede ser:

- La cocción en el envase.
- La conservación.
- La pasteurización.

Los criterios para la **elección de una técnica** u otra son los siguientes:

- La orden de producción.
- La logística (capacidad de almacenaje, frecuencia de reparto).
- La cualificación del personal.
- El coste de producción.
- La necesidad de servicios.
- El control de la gestión de producción.

No existe tecnología peor o mejor, solo se debe usar la más adecuada que responda a su finalidad. En lo que se refiere a la **conservación del alimento** varía según el sistema utilizado, por ejemplo:

- El **envasado sin vacío** tiene una caducidad de alrededor de cinco días.
- **Al vacío** unos ocho días.
- **Envasado con gas inerte** alrededor de 14 días.
- En cuanto a la **pasteurización**, está entre 14 y 45 días dependiendo del valor pasteurización.

En lo que se refiere a los envases, dependiendo del producto y de la caducidad deseada, se van a utilizar recipientes de policarbonato con tapa, bolsas termo selladas o baquetas.

El material que se utiliza depende de si se destina el producto para la cocción, pasteurización o conservación.

Los criterios de selección de los envases dependen de si el producto se va a envasar en sólido o líquido, si es frío o caliente, la caducidad deseada, la facilidad de ejecución, la temperatura utilizada, el etiquetado, el tipo de raciones, el volumen a envasar, la facilidad de almacenamiento, entre otros criterios.

1.2. Sistema de conservación en caliente

La aplicación de calor para conservar alimentos es un método que se basa en el uso de altas temperaturas para eliminar las bacterias y otros microorganismos.

Mediante esta técnica, se produce una disminución de la velocidad de las reacciones químicas por la inactivación de las enzimas en un proceso que se llama **desnaturalización**, en el cual, se destruyen los microorganismos. Hoy en día, las empresas utilizan las siguientes variantes de aplicación de calor para la conservación de alimentos:

- La pasteurización.
- La esterilización.
- La deshidratación.
- El ahumado.
- Al baño María.

La **esterilización** se basa en la eliminación de bacterias y otros microorganismos sometiendo el producto a temperaturas superiores a los 100 ºC y enfriándolos después rápidamente. Los productos que se someten a esta técnica generalmente están envasados antes de realizar el proceso térmico.

Este proceso se lleva a cabo en **un autoclave,** que es similar a la olla a presión. El producto al abrir el envase debe ser tratado como un producto fresco.

El **uso de la esterilización** se lleva a cabo en productos enlatados como:

- **Frutas y hortalizas** en las que se añaden conservantes como azúcar para las frutas o colorantes verdes como el sulfato de cobre para las verduras.

- **Pescados** en las que se añaden líquidos como el escabeche o grasas como el aceite de oliva que ayudan a la conservación.

Una mala esterilización produce cambios o alteraciones en los productos como hedor, transformación del líquido adicionado, decoloración o deterioro de los alimentos.

La técnica de la **pasteurización** se lleva a cabo sometiendo el producto, líquidos principalmente, a temperaturas inferiores a 100 ºC durante unos segundos (entre los 15 y 30 segundos dependiendo del producto) para después enfriarlo llevándolo a uno 4 ºC aproximadamente. La finalidad de este proceso es reducir los agentes patógenos y prolongar su conservación. El inconveniente de esta técnica es que los productos pasteurizados tienen una duración limitada y se deben mantener en el frigorífico. Sus ventajas son que apenas se producen modificaciones de la textura, conservan la calidad nutricional y el sabor.

Por último, la **conservación al baño María**, en la que los alimentos alcanzan una temperatura que oscila entre los 70 y los 90 ºC. Los recipientes con el alimento se cierran herméticamente y se sumergen en una olla con agua durante 20 minutos. A continuación, se enfrían y guardan en un lugar fresco y oscuro hasta el momento de su consumición.

1.3. Sistema de conservación bajo refrigeración

El frío se ha utilizado a lo largo de toda la historia para aumentar la vida útil de los alimentos dado que frena la multiplicación de reacciones químicas y microbios. Aunque, no elimina totalmente los microbios, solamente los neutraliza.

La **refrigeración** es una técnica que se basa en mantener los alimentos entre 0 y 8 ºC dependiendo de la zona del frigorífico. Se trata de la técnica para conservar alimentos más aplicada y extendida en todos los ámbitos. La ventaja es que no produce cambios en los alimentos. No obstante, **no frena totalmente la multiplicación de microbios,** ya que, existen algunos tipos microbianos que son capaces de reproducirse en esas condiciones. Aunque, a pesar de esto, la vida de los alimentos se alarga.

Fig. 10. El frío es uno de los sistemas más usados para conservar algunos grupos de alimentos

A continuación, **se analizan las alteraciones que se producen en algunos alimentos**:

- **Pescado fresco**. Es el alimento que menos tiempo se conserva refrigerado, ya que, posee microorganismos y enzimas que están adaptados a bajas temperaturas, por lo tanto, es necesaria su conservación a temperaturas entre 0 y 1 ºC o entre hielo.

En esta tabla orientativa, se puede ver el tiempo que los alimentos pueden permanecer en la nevera sin que suponga un problema para la salud del consumidor.

Conservación orientativa de los alimentos en la nevera de la cocina (0 a 8ªC)	Tiempo (días)				
	1	2	3	4	5
Pescado fresco (limpio)	X	X			
Carne picada	X	X			
Carne y pescado cocido	X	X	X		
Carne cruda bien conservada	X	X	X		
Envase de leche abierto	X	X	X	X	
Postres caseros	X	X	X	X	
Verdura cocida	X	X	X	X	
Verdura cruda y conservas abiertas	X	X	X	X	X
Huevos	2-3 semanas				
Lácteos y otros productos con caducidad	Lo que indique el envase				

- **Otros alimentos crudos**. La vida de los alimentos va a depender de la calidad inicial del producto. Si la calidad es buena y la contaminación es baja, se consiguen mejores resultados, por el contrario, en productos con mucha contaminación el resultado será muy corto.

- **Productos cocidos.** La cocción reduce mucho las bacterias por lo que su vida comercial va a aumentar a varios días.

Una de las grandes ventajas de la refrigeración es evitar que se multipliquen la mayoría de los agentes patógenos y así poder mantenerlos bajo control.

La mayoría de los agentes patógenos no se multiplican en temperaturas por debajo de los 8 ºC, aunque lo ideal es mantener los productos por debajo de los 4 ºC para minimizar el riesgo de propagación.

Los patógenos capaces de multiplicarse a temperaturas de refrigeración son las Aeromonas Hydrophila que se encuentran en el marisco, el pescado y el agua.

No es aconsejable cargar demasiado los frigoríficos dado que los alimentos no se van a conservar de la forma adecuada.

Para **conservar los alimentos en buenas condiciones**, es necesario cumplir las siguientes normas:

- Organizar y distribuir bien los alimentos dentro del frigorífico.
- Almacenar los alimentos de tal manera que se evite la contaminación entre ellos.
- Proteger los alimentos mediante envases cerrados o con papel de aluminio para evitar una posible contaminación.
- Es recomendable situar en la parte de arriba los alimentos con mayor riesgo sanitario y los de menos peligro en las baldas de abajo.
- Es necesario retirar las partes de alimentos que pueden provocar contaminación como la tierra de las hortalizas y verduras o en la carne o el pescado la parte que no se come.

- Mantener las cámaras desinfectadas y limpias usando los métodos más adecuados para ello, con el objetivo de destruir las bacterias de los alimentos que están almacenados.
- Desinfectar siempre y cuando el almacenaje de alimentos lo permita y siempre que la nevera se encuentre vacía.

La conservación mediante la aplicación del frío trata de detener la proliferación de las bacterias y enzimas que se producen en los productos a temperatura ambiente. **La conservación en frío puede ser por**:

- **Refrigeración** o frío positivo. Este sistema de conservación tiene las siguientes características:
    - No causa daños en el alimento.
    - Se pueden conservar los alimentos durante días o semanas.
    - La temperatura de este proceso reduce el crecimiento de los microorganismos.
    - Al refrigerar hay que tener en cuenta los siguientes factores:
        - La temperatura, que debe oscilar entre 0 y 10 ºC.
        - La humedad.
        - La luz, la cual es mejor que no haya para evitar la oxidación.

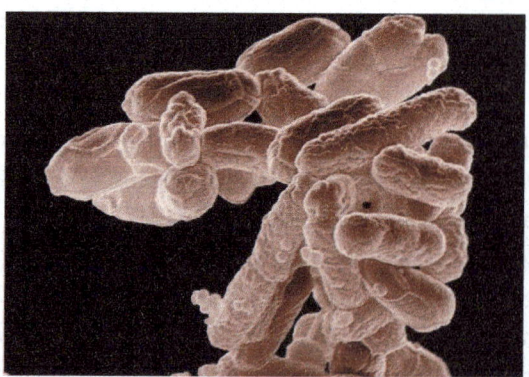

Fig. 11. Los sistemas de conservación en frío reducen la proliferación de algunas bacterias

- **Congelación** o frío positivo. Se usa para conservar los alimentos a largo plazo. Consiste en la aplicación de temperaturas por debajo de los 18 ºC bajo cero impidiendo el crecimiento de microorganismos, aunque no los elimina. Para conservar las propiedades de los productos, es importante que la congelación se produzca en el menor tiempo posible. Este tipo de conservación funciona cristalizando el agua presente en los alimentos.

- **Descongelación**. Aunque no es un proceso de conservación en sí, forma parte de él. Este proceso consiste en devolver los alimentos a temperaturas superiores a 0 ºC.

Para minimizar riegos alimenticios, la descongelación de alimentos debe ser rápida teniendo en cuento el alimento y sus propiedades.

1.4. Sistemas de conservación bajo ultracongelación

La congelación es uno de los sistemas de conservación más eficaces y extendidos. Tanto la congelación como la ultracongelación (utilizada en la industria) son métodos de conservación usados para asegurar el mantenimiento de la calidad de los alimentos.

Uno de los principales componentes de todos los alimentos es el agua que la responsable de su textura. Por lo tanto, al congelar los alimentos, congelamos el agua que contienen.

Para mantener todo el aroma y la textura de los productos, la congelación se debe hacer inmediatamente.

Por el contrario, si la congelación es lenta se produce la rotura de los tejidos celulares en los alimentos con la consecuente de la pérdida de textura. En la posterior descongelación, estos alimentos no van a poder absorber toda el agua y se van a convertir en un alimento seco.

Los **alimentos ultracongelados** han sido sometidos a un proceso de congelación rápida y en ese proceso sufren un enfriamiento brusco con el objetivo de conseguir la temperatura de máxima cristalización en no más de 4 horas. El proceso se termina cuando se llega a -18 ºC y una vez así, se debe mantener el alimento congelado en cámara a baja temperatura. Este proceso se aplica a muchos alimentos como pescados, vegetales, carnes o mariscos.

También se pueden usar los fluidos criogénicos, nitrógeno líquido y anhídrido carbónico para bajar la temperatura de los alimentos. Estos fluidos deben ser lo bastante inertes para no suponer un problema a la salud de los consumidores. Además, no deben crear un cambio en la composición del producto ni alterar sus características.

 **Saber más**

Según la Directiva 89/108 de la Unión Europea "se autoriza como sustancias congelantes solamente al aire, al nitrógeno y al anhídrido carbónico".

Según la Directiva de la Unión Europea, "esta técnica se basa en el contacto del líquido con el alimento a muy bajas temperaturas, el proceso de congelación se realiza de forma muy rápida. Estos fluidos no son tóxicos ni transmiten olor o gusto a los alimentos. Los equipos más usados en la industria son los túneles criogénicos que emplean nitrógeno líquido como fluido". La desventaja es su elevado coste y por eso no se usa mucho.

Entre los **beneficios de la ultracongelación** se destacan los siguientes:

- Menor consumo energético.
- Utilización de menos espacio de los equipos.
- Reducción en las pérdidas de peso del producto por deshidratación.

Fig. 12. El almacenamiento es importante en la industria alimentaria para evitar contaminación

En la industria alimentaria la ultracongelación se realiza en un gran número de alimentos como los pescados, los mariscos o las comidas preparadas. Durante el proceso es necesario el uso correcto de las medidas de seguridad.

Los **envases** deben asegurar una buena resistencia a los procesos de ultracongelación. En cuanto al **etiquetado** de los productos ultracongelados, debe incluir la identificación del lote y la denominación de venta. Además, debe aparecer la fecha de duración, el periodo de almacenamiento y la temperatura de conservación.

Actualmente las técnicas de ultracongelación tienen el objetivo de evitar el desarrollo de microorganismos, conservar las características sensoriales de los productos o evitar la pérdida de nutrientes.

En lo que se refiere al **almacenamiento y el transporte**, los alimentos sufren cambios de temperatura que son inevitables, no obstante, son tolerables siempre que se garantice la seguridad del alimento. Por lo tanto, la industria debe garantizar la seguridad de los alimentos mediante prácticas adecuadas de distribución y conservación.

Los congelados son los alimentos con más seguridad del mercado y muy pocas veces ocurren intoxicaciones en los productos congelados. Sin embargo, al adquirirlos hay que tener en cuenta:

- Evitar los envases con escarcha, ya que, esto significa que se ha podido romper la cadena del frío.
- Adquirir los productos en envases sin roturas y limpios.
- Comprobar que el producto contenga la etiqueta.

1.5. Acondicionamiento del plato cocinado en la cocina terminal

Antes de comenzar a hablar sobre el acondicionamiento de platos cocinados, debemos tener claro algunos conceptos surgidos de la especialización y la externalización que a nivel económico se está produciendo en el mundo empresarial y que ha llegado a la cocina:

- **Cocina central**. Cuando hablamos de cocina central, nos estamos refiriendo a una cocina desde la cual se centralizan los procesos de compra, manipulación de alimentos, producción y distribución.

- **Cocina 45**. Son cocinas pequeñas que se abastecen de productos procedentes de cocinas centrales propias o de terceros.

- **Cocina terminal o restaurantes satélites**. A ellos llegan los productos elaborados en cocinas centrales y se encargan de regenerarlos, emplatarlos y servirlos. Las únicas preparaciones que se efectúan en el lugar son las frituras y los asados. La superficie de la cocina es limitada y el personal no requiere de calificación especial.

En resumen, la tendencia es que, desde una cocina central, se distribuyen los productos elaborados o semi elaborados hacia cocinas de terceros o cocinas pertenecientes a la propia central, pero situadas en distinto lugar.

En cuanto al acondicionamiento de platos cocinados o **emplatado**, se trata de un arte y además es uno de los principales factores que hay que tener en cuenta a la hora de elaborar platos y diseñar la carta del restaurante.

A continuación, se enumeran las **principales técnicas utilizadas para el emplatado**:

- **Explorar texturas**. Si se mezclan texturas en un mismo plato se va a sorprender a la persona tanto con la vista como con el gusto. Se puede jugar con alimentos cocidos y crudos, blandos y crujientes. Un ejemplo que aporta mucha creatividad y sabor es el calabacín cortado como si fuera espaguetis.

- **Jugar con las dimensiones**. Se debe pensar en el plato como una obra de arte, ya que, los ingredientes tienen muchas formas y tamaños, se debe jugar y combinar las dimensiones. Jfugar con las sombras, colores, texturas o perspectivas.

- **Elegir la vajilla adecuada**. Vajillas con diferentes formas, alturas y texturas que van a ayudar a crear una auténtica obra de arte. Los platos de colores también son una opción a pesar de no ser tan comunes.

- **Aprovechar los espacios vacíos**. Los espacios en blanco sirven para destacar los ingredientes más importantes del plato, por lo tanto, lo ideal es dejar algunos espacios en blanco al emplatar para que la persona se enfoquen en la comida.

- **Combinar los colores**. Es indispensable la armonización de colores. Se pueden unir tonos complementarios o jugar con colores análogos.

- **Creatividad en las salsas**. Se deben diseñar los platos con una cantidad moderada de salsa. El arte de las salsas exige la utilización de utensilios como brochas, mangas pasteleras o pinceles.

- **Utilizar elementos decorativos**. Hay que asegurarse que los elementos sean comestibles como nueces, hierbas o brotes. Deben ser los últimos en añadirse al plato y es recomendable usar pinzas de emplatar.

1.6. Los servicios de oferta de la restauración diferida

La **restauración diferida** proporciona **ventajas** importantes en distintos ámbitos:

- Desde el **punto de vista de la sanidad**, proporciona un control higiénico permanente y además cuenta con instalaciones adecuadas para conservar y trabajar en las mejores condiciones con los diferentes tipos de alimentos.

- Desde el **punto de vista social**, se puede conseguir una mejora de las condiciones de trabajo con relación a los horarios.

Fig. 13. La materia prima de calidad es muy importante para la elaboración de platos

- Desde el **punto de vista económico**, se produce una mejor utilización de la materia prima, se logran ventajas en la adquisición de materia prima, se programa mejor el trabajo, se facilita mejor la gestión. Además, se utiliza toda la capacidad de los equipos, los platos se elaboran en una cocina central y se distribuyen a los establecimientos que disponen de una cocina terminal o restaurante satélite. En la cocina central se elaboran los alimentos destinados a diferentes puntos de consumo.

1.7. Gamas de alimentos

Una de las formas que se usan para **agrupar y clasificar los alimentos** es por medio de las gamas que se definen en función del origen y conservación de los alimentos, es decir, productos frescos, congelados y en conserva. Existen **cinco gamas**, cada una de ellas con sus características y funciones.

En el mercado se encuentran muchos tipos de alimentos y no todos se presentan de la misma forma. Algunos, se ofrecen en su forma y estado original. Por el contrario, otros han pasado por procesos como envasado, cortado o pelado, entre otros procesos.

Todos estos procesos son posibles gracias a los avances de las nuevas tecnologías que se han implementado en la industria culinaria estos últimos años. También, estos cambios son consecuencia de los cambios en el comportamiento y en los hábitos de consumo que se ha producido en la sociedad, cambios que responden a nuevas demandas de las personas. Por lo tanto, las gamas alimentarias ayudan a identificar todos los alimentos.

1.8. I gama, II gama, III gama, IV gama y V gama

A continuación, se describen las distintas **gamas de alimentos**:

- **Gama I.** Se trata de los **alimentos frescos** como la verdura, carne, pescado o fruta, productos que no han pasado por ningún proceso de conservación o higienizante. Por lo tanto, mantienen sus propiedades organolépticas, es decir, olor, sabor y gusto. No obstante, para mantener esas propiedades deben conservarse a temperaturas de

Fig. 14. Los productos de Gama I son los productos que han sido congelados

refrigeración. Son alimentos considerados perecederos dado que las condiciones de manipulación y conservación son muy delicadas para así, evitar riesgos de contaminación. En lo que respecta a la carne o el pescado, si no hay la intención de consumirlos en 48 horas, lo aconsejable es congelarlos. En lo que se refiere a la fruta, su almacenamiento va desde los cuatro a los siete días. Cabe destacar que no se debe cortar si no se va a comer de inmediato. En cuanto a yogures, quesos y huevos, deben guardarse en el frigorífico en la parte de arriba.

- **Gama II.** Son las **conservas y las semiconservas** como las salsas o la fruta en almíbar. Estos alimentos han pasado por un proceso térmico y envasado posterior, esto va a permitir una conservación más larga.

Fig. 15. Los productos de Gama III son los productos que han sido congelados

El proceso térmico lo que hace es minimizar el crecimiento de bacterias, por lo que aumenta la vida útil del alimento. Estos alimentos para su almacenamiento no requieren de temperaturas frías a excepción de algunos productos como las semiconservas de anchoas que sí necesitan refrigeración.

Para almacenar estos alimentos, solamente se debe dejarlos en un lugar seco y fresco, aunque se debe prestar atención a la fecha de caducidad.
Un dato importante es que se deben desechar los envases abombados, oxidados o con golpes y las conservas que tengan un líquido turbio.

- **Gama III.** Son **alimentos congelados**, es decir, pescado, marisco o verdura. Es recomendable colocarlos cerrados de forma hermética en el congelador. En cuanto al tiempo de almacenamiento, va a depender del tipo de alimento, el pescado puede conservarse seis meses y la verdura de seis a doce meses.

- **Gama IV.** Se trata de los alimentos que han sido **envasados al vacío o en atmósferas controladas.** Los que han sido cortados o pelados y se han envasado al vacío. Para conseguir esto, se extrae el aire de la bolsa que hace que el proceso de maduración de las frutas o verduras sea más lento. Son productos que requieren refrigeración y no deberían conservarse más de siete días.

- **Gama V.** Son los alimentos que han sido **cocinados, elaborados y envasados**. Se han sometido a procesos que garantizan la seguridad y las propiedades organolépticas. Ejemplos son pizzas precocinadas. En esta gama se encuentran los alimentos pasteurizados o esterilizados.

Fig. 16. Los productos de Gama V son alimentos precocinados

1.9. Atmósferas modificadas y aditivos

A la hora de conservar alimentos, existen distintos métodos que van a depender de los resultados que queramos conseguir. Por ejemplo, no es lo mismo conservar frutas y verduras que alimentos preparados.

Entre los métodos utilizados de conservación se encuentran aquellos que provocan cambios en la atmósfera de los envases y entre los que podemos encontrar:

- **Atmósferas controladas**. Se refiere al almacenamiento o conservación de un producto en una atmósfera pobre en oxígeno y rica en anhídrido carbónico. El producto almacenado se mantiene en una cámara durante el proceso y el aire se ajusta a las especificaciones del alimento. Esta técnica que se asocia al frío potencia la actividad vital de los tejidos vegetales. Esta A.C. ralentiza las reacciones bioquímicas y retrasa la maduración del alimento.

- **Atmósferas modificadas.** Es una técnica de conservación que no deja residuos químicos, y que consiste en envasar los alimentos eliminando el aire del interior del envase y sustituyéndolo por gases como son CO_2, O2 o N2. El objetivo es que los alimentos conserven todas sus propiedades retrasando su oxidación y sin sufrir alteraciones. Se utiliza principalmente para conservar productos frescos.

La principal diferencia con respecto a las atmósferas controladas es el grado de control de la atmósfera que en este caso es menor.

Sus principales ventajas son las siguientes:

- Evita que se almacene humedad en la superficie.
- Impide la difusión parcial de los gases, tanto en el interior como en el exterior.
- Es más económica porque no requiere un instrumental tecnológico elevado para su control.
- Se puede aplicarse a los productos de manera individual o de manera colectiva.

Recuerda

La elección indicada del tipo de atmósfera, y su posterior aplicación, dependerá de las necesidades del producto, de su destino y del volumen de inversión.

En cuanto a los envases utilizados en esta técnica, es muy importante elegir el adecuado, ya que, su función principal será la de preservar el ambiente gaseoso creado en su interior. Este tipo de envases se suelen fabricar con materiales poliméricos y se dividen en dos categorías: envases flexibles y envases rígidos.

Los materiales de estos envases sirven como barrera al paso de gases y humedad y, además, deben tener en cuenta aspectos como puedan ser las características técnicas, comerciales, legales o medioambientales.

En cuanto a los **materiales rígidos**, hay que tener en cuenta que, por lo general, consta de **dos elementos**:

- El inferior, generalmente una bandeja o barqueta sobre la que se deposita el alimento.
- Una película flexible para cubrirlo.

El **material polimérico** de fabricación de bandejas no siempre cumple con los requisitos que necesitamos, por lo que las películas con las que se fabrican pueden estar compuestas por varias capas. Como ejemplo tendríamos **una bandeja con tres películas**:

- Externo (resistente).
- Interno (con buena capacidad de sellado).
- Medio (barrera frente a los gases).

 **Vocabulario**

Sistema de envasado en atmósfera modificada: Proceso en el que se utiliza una mezcla de gases inertes en el envase con el objetivo de proteger las propiedades organolépticas del alimento.

Otros de los métodos de conservación utilizados para la conservación de alimentos son lo aditivos.

Según la Agencia Española de Consumo, Seguridad Alimentaria y Nutrición **(AECOSAN) los aditivos son**: "Los aditivos son sustancias que se añaden a los alimentos con un propósito tecnológico (para mejorar su aspecto, textura, resistencia a los microorganismos, etc.) en distintas etapas de su fabricación, transporte o almacenamiento".

Además, **también indica que** "Para que una sustancia obtenga luz verde para poder ser utilizada en la fabricación de alimentos ha de pasar por un procedimiento de autorización que se dispone en el Reglamento (CE) Nº 1331/2008 del Parlamento Europeo y del Consejo, de 16 de diciembre de 2008".

Y que: "La seguridad de todos los aditivos alimentarios que están autorizados hoy en día ha sido evaluada por el Comité Científico de la Alimentación Humana (SCF) o la Autoridad Europea de Seguridad Alimentaria (EFSA). En la lista de la Unión Europea solo figuran los aditivos cuyos usos propuestos se han considerado seguros".

En esta lista os mostramos **las 27 clases de aditivos** que existen en función de sus propiedades según indica en su Web la Agencia Española de Consumo, Seguridad Alimentaria y Nutrición **(AECOSAN)**:

- Edulcorantes.
- Colorantes.
- Conservadores.
- Antioxidantes.
- Soportes.
- Acidulantes.
- Correctores de la acidez.
- Antiaglomerantes.
- Antiespumantes.
- Agentes de carga.
- Emulgentes.
- Sales de fundido.
- Endurecedores.
- Pontenciadores del sabor.

- Espumantes.
- Gelificantes.
- Agentes de recubrimientos.
- Humectantes.
- Almidones modificados.
- Gases de envasado.
- Gases propelentes.
- Gasificantes.
- Secuestrantes.
- Estabilizantes.
- Agentes de tratamiento de harinas.
- Agentes de contraste.

2. Aplicación del cocinado al vacío

Después de más de dos años de pandemia, las costumbres y el comportamiento de las personas están cambiando en todos los ámbitos y también en el gastronómico, en el que han surgido nuevas tendencias dispuestas a quedarse y a dar mucho que hablar. A continuación, se enumeran los métodos de elaboración, costumbres e ingredientes que se van a convertir en tendencia a partir de este año 2022:

- **Restaurante Delivery.** Modelo de negocio ya existente en el mundo, pero que en España no tenía muchos adeptos, aunque a partir de la pandemia ha empezado a desarrollarse por la necesidad de muchos restaurantes para sobrevivir debido al cierre temporal o a las restricciones impuestas por las autoridades.

- **Digitalización**. Todo apunta a que la digitalización en los restaurantes va a seguir aumentando. Desde la llegada de los códigos QR para evitar el contacto, ahora ya hay establecimientos que controlan las reservas por medio de pantallas digitales o aplicaciones propias y que admiten pagar con formas alternativas como Bizum.

- **Congelados más saludables**. Hace no muchos años, en la sección de congelados de la mayoría de los supermercados solamente encontrábamos alimentos ultraprocesados como rebozados o pizzas. Actualmente, la situación está cambiando y se dispone de alimentos congelados más saludables, con casi los mismos valores nutritivos que los frescos, la diferencia es que han sido congelados inmediatamente tras su recolección.

- **Maduración de pescados**. Se realiza sobre todo para evitar el malgasto de alimentos y así conseguir venderlos todos.

- **Alimentos más caros**. A finales de 2021 los alimentos ya comenzaron a subir los precios debido a problemas en la cadena de suministro, inflación del sector alimentario sobre todo en el transporte, el envasado y en la energía. Por lo tanto, se debe reducir el desperdicio de comida.

- **Más libertad de horarios**. Debido a las restricciones durante la pandemia, los horarios de los restaurantes se han vuelto más flexibles. Cada vez se observa más como cada restaurante tiene sus propios horarios.

- **Robot en el restaurante**. Nadie imaginaba que esta situación ocurriría. Hace años se comenzaron a ver en restaurantes asiáticos y actualmente ya aparecen en algunos restaurantes españoles.

- **Prebióticos para proteger la microbiota**. Siguen teniendo mucha importancia para las personas que quieren cuidar la flora intestinal. Los prebióticos son fibras vegetales que se encuentran en azúcares de la fruta o legumbres.

- **Koji, el secreto de la dieta japonesa**. El koji es un hongo que se usa en muchos condimentos de la gastronomía de Japón que aporta sabor al miso, al sake o a la soja. Es un ingrediente que potencia el umami, el cual es un sabor con dificultad para describir y que a veces roza lo abstracto.

Fig. 17. Congelados con ingredientes más saludables

- **Sostenibilidad**. Se confirma como la tendencia más demandada por profesionales de la hostelería y por los clientes que buscan establecimientos concienciados con el medio ambiente.

- **Vuelta de platos franceses tradicionales**. Algunas prácticas tradicionales de la gastronomía francesa que parecían olvidados como la salsa béarnaise o la velouté vuelven en nuevas versiones.

- **Carne artificial**. La nueva industria de carne sintética comienza a tener mucho éxito. La primera fábrica se inauguró el año pasado en Israel.

2.1. Conceptos fundamentales

Hace años cuando se hablaba de cocina a baja temperatura o de cocina al vacío, sabíamos que se estaba hablando de cocina profesional, ya que, implicaba un tipo de maquinaria y materiales que no estaba al alcance de todos. Sin embargo, en la actualidad la situación ha cambiado y existen muchas técnicas para realizar esta práctica en casa y a un precio razonable.

La **cocina al vacío** o "sous vide" es una técnica que se ha popularizado bastante en los últimos tiempos. En ella, los alimentos han sido aliñados con hierbas o especias y cocinados durante un tiempo concreto a una temperatura determinada antes de ser envasados. Con ello se consigue que los alimentos queden tiernos y jugoso.

El tratamiento térmico al que se somete el envasado se realiza en un medio líquido o húmedo con una temperatura controlada por medio de técnicas como:

- Baño maría termostático.
- Autoclaves.
- Hornos de convección a vapor.

En la actualidad se confunde la cocina al vacío con la cocina a baja temperatura, pero la **diferencia** entre estos dos tipos de cocina radica en que:

- En la **cocina al vacío** el medio de cocción es el agua, en el que se sumerge el recipiente donde está el alimento envasado al vacío.

- En la **cocina a baja temperatura**, se puede cocer en aceite y por lo general, el alimento no requiere estar envasado al vacío.

Fig. 18. La cocina al vacío está teniendo mucho éxito

Por otro lado, **ambas cocinas ofrecen**:

- Un enorme control sobre lo que se cocina ya sean pescados, verduras o carnes.

- Permiten conseguir texturas increíbles que son imposibles con el método tradicional debido a que se cocina con una temperatura más estable y baja.

Como **consecuencia** se consiguen platos con mejores sabores y con las propiedades originales de los alimentos. En el caso por ejemplo de las verduras, se consigue una menor pérdida de nutrientes y vitaminas y mejores texturas en el caso de las proteínas.

Fig. 19. Verduras cocinadas al vacío que está cobrando mucho éxito

Según expertos en gastronomía, la carne y el pescado cocinados a temperatura superior a los 85 ºC pasa a quedar muy dura y el pescado astilloso. Por lo contrario, asegurarse de que se cocina con temperaturas alrededor de los 60 ºC es garantía de que se van a conseguir platos más jugosos y sabrosos.

Una de las ventajas de la cocina al vacío es que cuando se encierra el alimento al vacío, la pérdida de agua es mínima y el sabor de hierbas y especias es absorbida mucho mejor por los alimentos y como consecuencia su sabor se potencia.

2.2. Historia del vacío y su aplicación en la cocina

Nos tenemos que remontar al siglo XVIII para descubrir el origen de la utilización al vacío para conservar alimentos gracias a Nicolás Appert y al sistema que desarrolló. En el siglo XIX surge y se desarrolla la industria de conservas que continúa combinando un tratamiento térmico y la ausencia de aire para alargar la conservación de los productos y a continuación se realiza el envasado al vacío de las materias primas para la conservación sin que se alteren las propiedades principales.

No obstante, en los años 70 del siglo pasado es cuando la técnica del vacío se usa por primera vez por Georges Pralus quien la descubrió y realizó las primeras elaboraciones con esta técnica. En los últimos años, esta técnica ha evolucionado mucho, aunque se desconocen todavía muchas de las ventajas que ofrece para la cocción de alimentos y su conservación.

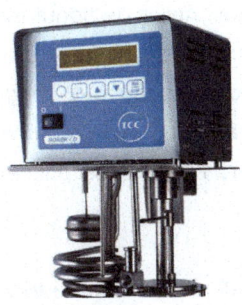

En España son los cocineros Joan Roca y Salvador Brugués quienes a finales del pasado siglo XX investigan y trabajan con la cocina al vacío. Como resultado de su investigación y junto a Narcís Caner, desarrollaron la idea de cocinar a baja temperatura, dando un paso más e inventando nuevas maquinarias como el Roner, un aparato que permite controlar mejor la temperatura exacta de cocción.

Fig. 20. Roner, máquina para cocinar a baja temperatura

El sistema de cocción al vacío puede alargar la vida del alimento, pero solamente si los parámetros de temperatura y tiempo se controlan de forma adecuada y si las condiciones higiénicas son las correctas debido a que muchas bacterias y esporas sobreviven a temperaturas bajas y en medios anaerobios. A pesar de que estos no suponen un peligro para la salud del ser humano, sí que pueden degradar las características organolépticas de los productos.

Por lo tanto, es necesario conocer los riesgos que existen en la conservación y cocción al vacío para garantizar, siempre que se pueda, la seguridad de los alimentos cocinados al vacío.

2.3. Técnica del vacío

Para llevar a cabo la técnica del vacío se puede hacer uso de los siguientes **aparatos**:

- **Termocirculador**. El circulador de inmersión es un calentador de agua que coge agua de un recipiente, la calienta a una temperatura específica y la vuelve a introducir a la olla de la que la ha cogido. Hoy en día existen ya muchas opciones más asequibles en el mercado que Roner, que era la marca más conocida en España.

Además, otra opción destacable es el **termocirculador portátil** de Lacor. Como dice el nombre, es portátil, ocupa poco y es fácil de guardar. Antes de adquirirlo es aconsejable conocer el volumen de agua que se quiere calentar, para usar privado en casa o para un restaurante pequeño con lo que uno que tenga capacidad entre 15 y 20 litros será suficiente. La desventaja es que se requiere de una olla para contener el agua que se quiere calentar. También se pueden usar cubetas de plástico con tapas adaptadas.

- **Máquina sous vide**. Se trata de una máquina con un elemento calentador y una placa elaborada que crea corrientes térmicas que mantienen el agua en el interior a una temperatura controlada y precisa. Lleva una cubeta aislada incorporada que se rellena con agua. La base de la máquina está compuesta de una placa que crea corrientes térmicas para el calentamiento. Además, lleva un temporizador ajustable en ciclos y dispone de una tapa para evitar la evaporación y la aparición de vapor en la cocina.

Fig. 21. Las máquinas de cocción al vacío se han convertido en las más usadas en las cocinas profesionales

Existen diferentes tamaños, la Sousvide Supreme de 11 litros que permite cocinar muchas porciones y la Sousvide Demi de 9 litros.

- **Método de placa con sonda y controlador de temperatura o RoCook.** Se trata de una placa de inducción con un sensor y sonda que controla la temperatura de la cocción y del interior del alimento. Las ventajas son: tanto la placa de inducción como el termómetro y el sensor ocupan poco espacio. Su uso es muy sencillo y se puede hacer incluso a través de una app o por un control remoto. En este sistema se cocina en una olla específica para la placa de inducción.

- **Crockpot u olla de cocción lenta.** Olla para cocinar a baja temperatura. No lleva un termómetro, ya que son ollas para cocciones lentas. Son ollas que emiten suficiente energía para mantener la olla llena a una temperatura segura.

Además de los sistemas, son necesarios otros **utensilios para llevar a cabo la cocina al vacío**. Se destacan los siguientes:

- o **Sartén para dorar.** Tanto la cocina a baja temperatura como al vacío se llevan a cabo en un medio húmedo y si se quiere conseguir el dorado de una parrilla, se debe dorar el alimento al final de la cocción. Se recomienda usar una sartén de hierro, de acero al carbono o una sartén antiadherente que proporcione mucho calor.
- o **Envasadora al vacío y bolsas de vacío.** Es muy útil disponer de una envasadora al vacío y unas bolsas para temperaturas hasta de 75 ºC. Existen muchos modelos desde más caras a más asequibles. La envasadora al vacío sirve también para guardar alimentos y marinar.
- o **Rack.** Se trata de separadores muy útiles para mantener y separar las diferentes bolsas o porciones al mismo tiempo.
- o **Pinzas.** Son necesarias para coger las bolsas o los alimentos del medio de cocción sin llegar a quemarse.
- o **Termómetro de sonda.** Si se cocina en un lugar con temperatura crítica es mejor tener un termómetro de sonda fina para asegurarse de que el alimento se está cocinando a la temperatura adecuada.

2.4. Conservación al vacío

La conservación al vacío es un **método muy sencillo y práctico**, el cual trata de extraer el aire de alrededor del producto que se desea envasar. Si se realiza de forma correcta, la cantidad de oxígeno que quedará será inferior al 1%. Por lo tanto, se logra una atmósfera libre de oxígeno y como consecuencia se retarda la multiplicación de hongos y bacterias, por lo tanto, posibilita una mayor vida útil del producto.

Durante el proceso de conservación, el material de envasado se pega al producto como resultado de la presión interna. El material debe ser poco permeable a los gases. El proceso se realiza para conservar mejor los alimentos y, además, para marinar carnes y hacer cocciones al vacío.

Las cocinas industriales que cuentan con este proceso aseguran que se aumenta la frescura de los alimentos de unas 3 a 5 veces más que con los sistemas tradicionales. Es indispensable durante todo el proceso mantener las condiciones higiénicas y de manipulación adecuados.

Fig. 22. Diferentes tipos de alimentos envasados al vacío

En la conservación al vacío, **los alimentos no alteran sus cualidades** organolépticas ni las propiedades químicas, a excepción de la carne, cuyo color se ve alterado. Este cambio de color que es producto del envasado al vacío provoca rechazo entre los consumidores que asumen que no es una carne fresca. Al estar envasado adquiere un color púrpura, pero una vez abierto el envase y expuesta al oxígeno, vuelve a recuperar el color rojo. Además, el color de la carne en mal estado suele ser marrón debido a la oxidación.

En cuanto a los pescados, la conservación al vacío es muy usada, ya que los ahumados se conservan de esta manera. El pescado conservado al vacío puede permanecer durante tiempo y además se reduce el riesgo de proliferación de bacterias.

Actualmente también otros productos como el café, el queso o las legumbres se pueden encontrar envasadas al vacío, ya que es un excelente método de conservación. No obstante, también tienen sus limitaciones, por ejemplo, si no se almacenan en el frigorífico, puede comenzar la proliferación de bacterias anaerobias, algunas de las cuales no precisan oxígeno para vivir.

A continuación, una breve descripción y análisis del envasado en anaerobiosis y botulismo. La formación de la toxina botulínica depende de la temperatura en la que están conservados los alimentos envasados. Su formación se origina con la proliferación de la bacteria llamada Clostridium Butulinum, la cual solamente puede multiplicarse en condiciones de anaerobiosis, es decir, cuando no hay oxígeno, por lo tanto, en el envasado al vacío. Solamente quizá el frío puede conseguir que no se multiplique y evite la producción de la toxina botulínica.

Para controlar la aparición de esta toxina se deben realizar comprobaciones sobre si las condiciones ecológicas de los alimentos pueden permitir o no la producción de esa toxina. No hay peligro cuando las condiciones no son adecuadas. Por el contrario, si las condiciones son adecuadas se debería valorar si el producto debiera ser esterilizado y habría que controlar la cantidad e intensidad de calor para asegurar que se eliminan todas las esporas.

A continuación, se enumeran las **ventajas del envasado al vacío**:

- El poco oxígeno que queda en el envase tras extraer el aire frena el crecimiento de microorganismos aerobios y la oxidación.
- El envasado en atmósfera protectora es el más sencillo y económico.

- Facilita la retención de los compuestos que son responsables del aroma, lo que es muy apreciado por el consumidor en productos como el café.
- Impide la formación de cristales y la deshidratación de la superficie del alimento gracias a la barrera de humedad entre el material de envasado y el producto.

Del envasado al vacío se ha desarrollado una tecnología llamada envasado al vacío segunda piel, en la que el material de envasado que cubre la bandeja se calienta previo a colocarse encima del alimento. Por ese efecto del calor, la lámina o bolsa se retrae y se adapta al contorno del producto. Todo este proceso previene que se formen burbujas de aire y arrugas en el paquete.

2.5. Cocción al vacío

Una de las características de cocinar al vacío es el control de la temperatura a la que se somete al alimento. Además, se deben realizar procesos complementarios como controlar la higiene y los procesos anteriores al envasado, realizar un estudio previo y muchas pruebas para conseguir los parámetros de cocción de todos los platos que se desean cocinar al vacío. En función del uso de un horno de convección al vapor o un autoclave, los resultados van a ser diferentes.

Si se varía incluso solamente un grado, puede pasar que el interior del alimento no consiga la textura deseada, por lo tanto, se deben usar equipos con control de temperaturas integrado.

Los **hornos de convección al vapor** permiten cocinar a una temperatura adecuada para cualquier materia prima, aunque es conveniente conocer el rango de temperatura óptimo de cada materia prima. Las carnes, por ejemplo, necesitan cocciones largas y, por el contrario, verduras y pescados necesitan menos tiempo. Además, influye el que se cocine en bolsa o en barqueta y la cantidad de alimento que contienen, por lo tanto, se deben adaptar los parámetros de cocción para cada alimento.

La técnica de cocción al vacío es muy usada a nivel industrial, pero también se puede realizar en casa colocando un alimento en una bolsa y cerrándola herméticamente. Con el alimento ya al vacío, se lleva a cabo una cocción húmeda o seca en el horno convencional o la vaporera consiguiendo una cocción que potencia la retención de minerales y vitaminas.

Anotación

Un dato a destacar es que la cocina al vacío convierte en seguros los alimentos a una temperatura más baja que la que se usa al esterilizar o pasteurizar. Asimismo, se reduce la manipulación de los alimentos, ya que se comienza sellando la bolsa y no se toca nada por lo que el proceso es más higiénico y seguro.

Fig. 23. Cocción al vacío de alimentos

Sin embargo, la cocción al vacío puede llevar más tiempo, sobre todo si se quiere realizar de forma correcta esta técnica, siendo la única desventaja además de que se requieren utensilios específicos para llevar a cabo una cocción adecuada.

A continuación, se explica brevemente cómo realizar la **cocción al vacío en casa**. Las bolsas de sellado al vacío para cocinar en un horno convencional traen buenos resultados en cuanto a aroma, sabor y textura y, además, no se ensucia el horno en ningún momento. No obstante, no todo este proceso es correcto porque no se controla la temperatura en ningún momento. Como ya se ha dicho anteriormente, en la cocción al vacío la temperatura debe ser baja, por lo tanto, los alimentos no se queman, ni generan sustancias tóxicas y por el contrario conservan sus nutrientes, aunque se tarda más tiempo. Para llevar a cabo la cocción en casa, contamos con ollas de cocina al vacío como la Crockpot o la SousVide. No son utensilios económicos, pero tienen muchas funciones y se ahorra mucho en el desperdicio de ingredientes.

2.6. Aplicación de la técnica

Fue en la década de los 70 del siglo pasado cuando el Chef del restaurante Troisgros en Francia, George Pralus, intentaba buscar una forma de cocinar el foie gras sin que se desvanecieran sus propiedades y su consistencia. Finalmente encontró la técnica y desde entonces se ha convertido en una revolución dentro de la cocina, sobre todo en la cocina profesional, aunque también en muchas casas, es la cocción al vacío.

En la actualidad, se puede llevar a cabo con una máquina envasadora, bastante económica, junto con unas bolsas para envasar alimentos al vacío. A continuación, se introduce el alimento que se quiere cocinar, ya sea carne, pescado o verduras y se puede añadir también los componentes sazonadores para dar más sabor o aliño. Por último, se cierra la bolsa y se extrae el aire del interior con una bomba manual.

Fig. 24. La técnica de la cocina al vacío se inventó para cocinar el foie gras

Después, se introduce la bolsa en un recipiente con agua a una **temperatura constante** que va a depender de la receta, aunque normalmente son entre los 65 y los 85 ºC, durante un tiempo preciso. En el mercado existen diferentes máquinas específicas para este tipo de cocción a precios más elevados.

El resultado de cocinar al vacío es un plato delicioso y sano que conserva todos los nutrientes del alimento sin perder su líquido y sin añadir grasa. Un plato saludable, jugoso y con un sabor delicioso. Otras ventajas son que se tiene la seguridad con esta técnica de que el pescado o la carne quedan **cocinados de forma uniforme** y al ser un proceso de cocina lento y suave es difícil que se pasen de punto. Cada alimento va a tener diferente tiempo de cocción, por ejemplo, un estofado de carne de conejo puede tardar una hora mientras que la mayoría de los pescados están listos en unos veinte minutos. Las verduras y hortalizas pueden durar una media hora, aunque las patatas o las zanahorias necesitan algo más de tiempo.

Se puede realizar esta **técnica sin máquinas**, aunque la manera más común es con una envasadora al vacío y esto es un aparato que no todas las personas tienen en su casa. Pero, hay otro sistema más sencillo, las bolsas de zip que son para uso alimentario de un solo uso o de silicona reutilizables y muy prácticas tanto para llevar algo para picar en el bolso como para congelar. A continuación, se debe llenar una olla grande con agua e introducir la bolsa con el alimento que se quiere cocinar, se debe sumergir poco a poco sin cerrar totalmente la bolsa para que la presión mientras se sumerge vaya expulsando el aire. Cuando se haya expulsado casi todo el aire, se cierra.

Lo más fácil de cocinar en casa al vacío son los pescados y las aves sobre todo si ya vienen envasado al vacío.

Fig. 25. Los robots de cocina se encuentran en la mayoría de las casas para ayudar en la cocina

Algunos de los utensilios o maquinarias más utilizadas son las siguientes:

- **Con un robot de cocina**. Se puede ajustar la temperatura y se dispone del tiempo máximo que el robot permita que suelen ser unos 90 minutos, excepto los programas especiales.

- **Con un termómetro y una olla**. Es un método más apto para recetas que requieren poco tiempo. Se trata de calentar el agua de la olla hasta llegar a la temperatura que se desea para cocinar. Se debe calentar un poco cada vez que se enfría. Esta técnica se utiliza más para pescados grasos como el bonito o el salmón.

- **Slow cooker**. Según algunos expertos con este método no se puede controlar la temperatura con precisión. Una buena forma de aprovechar la olla es usar tarros de conserva entre los que se pueden colocar otros alimentos como verduras o ajos. Se debe decir que no se deben abrir los tarros hasta que estén totalmente fríos, ya que puede saltar el contenido. Cuando estén fríos, se deben llevar al frigorífico y hay una semana de tiempo para consumirlos.

3. Aplicación del método de pasteurización

3.1. Definición de la pasteurización

En esta unidad vamos a analizar el proceso de la pasteurización, con lo cual no se puede no mencionar a la persona responsable de su descubrimiento, **Louis Pasteur**.

Fig. 26. Louis Pasteur fue uno de los pioneros de la medicina moderna

Pasteur nació en Dole, Francia en 1822 y murió en Francia en 1895. Fue químico y bacteriólogo, descubrió la microbiología y considerado padre de la medicina moderna.

En el siglo XIX estableció la **teoría del origen microbiano** de las enfermedades infecciosas, que son originadas por patógenos que hay en el ambiente y que ingresan en un organismo sano. Esta teoría fue generada por investigadores como Louis Pasteur y Robert Koch.

En 1848 fue nombrado profesor de física y química y al cabo de unos años fue nombrado profesor de química y decano en la Universidad de Lille. Es en esta universidad donde comenzó sus **estudios sobre la fermentación**.

Como resultado de sus investigaciones, se concluyó que las levaduras eran responsables de la producción de alcohol en la fermentación y descubrió que algunos ácidos en la fermentación se debían a la acción de las bacterias. Pasteur solucionó este problema sometiendo a altas temperaturas a las soluciones iniciales eliminando así las bacterias. Aplicó este mismo método a la conservación de la leche, que a por medio de su calentamiento antes de envasarla se destruían las bacterias patógenas y se impedía la fermentación sin provocar alteraciones en los componentes y la estructura. Proceso que hoy llamamos **pasteurización**.

Fig. 27. El estudio de los microorganismos fue uno de sus puntos principales en sus investigaciones

Los estudios que realizó sobre la fermentación llevaron a Pasteur a cuestionar si los microorganismos que intervenían se creaban de forma natural o estaban en el entorno. Para resolver esto **realizó un experimento** que consistió en introducir alimento esterilizado con calor en varios recipientes sellados para impedir la contaminación del aire. Los resultados fueron definitorios, en los que había entrado aire húmedo se había producido una putrefacción de la materia orgánica, por el contrario, en los recipientes que contenían aire con poca humedad se había producido una alteración mínima. Por lo tanto, Pasteur **dedujo** que el aire está lleno de gérmenes que se desarrollan al entrar en contacto con la materia orgánica en condiciones ambientales normales.

Tras muchos estudios e investigaciones, Pasteur **identificó** una similitud entre la enfermedad y la fermentación, lo mismo que la acción de los microorganismos exteriores son la causa de la putrefacción de la leche que podían invadir un cuerpo sano y desarrollar enfermedades. Desarrolló la teoría microbiana de las enfermedades, según esta, muchas enfermedades se deben a la penetración de microorganismos patógenos en un cuerpo sano.

Durante esos años y hasta su muerte, Pasteur **se enfocó en el estudio de las enfermedades contagiosas** logrando así confirmar su teoría y desarrollar la vacunación como medida de prevención, cuyo funcionamiento era muy simple, estimular el sistema inmunitario exponiéndolo al microorganismo responsable de una enfermedad con el objetivo de que en el futuro pueda responder de forma inmediata ante una infección.

Aunque, la aplicación práctica de esa teoría tuvo algunos obstáculos, en 1879 al realizar experimentos con pollos contagiados de cólera de las gallinas, Pasteur observó que algunos animales que habían sido infectados con cultivo conservado en condiciones malas estaban protegidos ante la enfermedad.

Después, en 1881 mientras realizaba estudios sobre una **enfermedad en el ganado ovino**, Pasteur **descubrió el bacilo responsable** de la enfermedad e inoculó a los animales bacilos debilitados para inmunizar a los animales contra otro tipo de ataques más agresivos. Preparó una vacuna que resultó ser un éxito.

Sus investigaciones posteriores le permitieron desarrollar la **vacuna de la rabia** que era una enfermedad muy contagiosa que resultaba casi mortal. Después de muchos estudios y experimentos consiguió inocular la enfermedad en los conejos. La efectividad de la vacuna fue su última gran aportación en la ciencia, se testó con éxito en un niño enfermo el 6 de julio de 1885, el cual había recibido mordiscos de un perro con rabia y que gracias a un tratamiento de varios días no desarrolló la enfermedad. Este éxito tuvo mucha repercusión.

Fig. 28. En sus últimos años descubrió la vacuna de la rabia

Este apoyo popular hizo posible la construcción en 1888 del **Instituto Pasteur**, el cual gozaría de gran prestigio internacional. Al cabo de unos años con la salud bastante debilitada murió en 1895 en Marnes-la-Coquette.

Vocabulario

La **pasteurización** se define como el proceso de calentar y posteriormente enfriar un producto alimenticio a una temperatura específica durante un tiempo concreto y a menudo se lleva a cabo en espacios herméticamente cerrados. Ese proceso se llama así por su descubridor, el biólogo y médico francés, Louis Pasteur.

En el siglo XIX, no se sabía todavía por qué algunas bebidas alcohólicas como el vino, fermentaban y se agriaban al cabo del tiempo. Pasteur sugirió a los profesionales del vino que calentaran el vino durante un tiempo a 44 grados. Como era de imaginar, los profesionales estaban sorprendidos, pero lo aplicaron y tuvo éxito. Se logró frenar la actuación de algunos microorganismos. Ese procedimiento se fue refinando con el tiempo aplicándose a diferentes alimentos como los zumos o lácteos.

Fig. 29. La fermentación del vino

Uno de los objetivos principales de la **pasteurización** es la reducción de agentes patógenos que se desarrollan en los alimentos a temperatura ambiente. Los microorganismos son perjudiciales si se multiplican más de cierto límite. Aunque no todos son eliminados con la pasteurización, sí que se reduce su proliferación. Como consecuencia, se logra alargar la conservación de los alimentos, ya que se dificulta la proliferación de estos microorganismos en los alimentos. Sin embargo, puede pasar que a la vez se estén eliminando parcialmente algunos nutrientes y alterando las propiedades organolépticas de los alimentos.

La pasteurización es un proceso que se realiza gracias al uso de la tecnología y la utilización del calor. Se trata de un tratamiento térmico suave, a diferencia de la esterilización que es más intenso. Como se ha comentado, el objetivo es la eliminación de los patógenos en los alimentos para conseguir alargar la vida de estos. Se emplean altas temperaturas, pero se asegura la eliminación de casi todos los patógenos. Asimismo, el valor nutricional y las características organolépticas de los alimentos no sufren ninguna alteración. La **temperatura de este proceso** suele ser inferior a los 100 ºC ya que a mayor temperatura las características fisicoquímicas de los alimentos se verían afectadas.

En **alimentos líquidos**, la temperatura debe situarse en torno a los 72ºC durante unos 20 segundos y en los envasados durante unos 30 minutos en temperaturas entre 62ºC y 68ºC.

En cuanto al **aroma**, también puede alterarse. Por ejemplo, en los zumos se puede producir una gran pérdida del aroma por lo que algunas industrias disponen de sistemas de recuperación de aromas. En cuanto a la leche, la pérdida del aroma es un beneficio, ya que va a desaparecer el olor a heno. Asimismo, las **vitaminas** sufren alteraciones mínimas.

Fig. 30. En la pasteurización de zumos las vitaminas sufren alteraciones mínimas

3.2. Cinética de la muerte térmica de los microorganismos

En 1876 el científico francés Louis Pasteur realizó estudios e investigaciones y posteriormente, publicó sus trabajos de **investigación sobre la cerveza**.

Descubrió que la **fermentación del alcohol**, del mismo modo que la descomposición biológica, tiene una relación directa con los microorganismos vivos. Las pruebas y ensayos que realizó demostraron que los microorganismos responsables de la putrefacción y fermentación de la cerveza morían a temperaturas elevadas.

En sus trabajos se **describió** un tratamiento térmico en una botella sellada a temperaturas de entre 69ºC y 75ºC. Sus descubrimientos crearon la base para la elaboración de la cerveza con unas propiedades predeterminadas, ya que, hasta ese momento, el proceso de la fermentación era espontáneo. Los cultivos fueron determinantes para obtener una fermentación controlada y para el cultivo de levaduras puras.

Cuando se exponen microorganismos a una alta temperatura, se produce una disminución de la población de microbios capaces de reproducirse en ambientes adecuados. La eliminación de microorganismos por calor significa una pérdida de la capacidad de reproducirse. Estos microorganismos, al someterse al calor húmedo a una temperatura alta, se destruyen o inactivan con el tiempo.

3.3. Descripción de un proceso de pasteurización

La pasteurización de alimentos se basa en calentar un producto a temperaturas altas, pero sin superar los 100ºC, por unos segundos o minutos, dependiendo del producto y posteriormente enfriarlo de forma rápida. La temperatura que se alcanza y el tiempo van a variar según:

* **Tipo de producto**. La acidez o el pH es el factor determinante de un producto y tiene un papel vital en la supervivencia de un microorganismo. La pasteurización cuenta con ventajas si se realiza en alimentos con pH bajos dado que las bacterias

crecen con mucha dificultad en pH más bajos de 4,5, y como consecuencia el tratamiento puede ser más suave por lo que las características organolépticas no se verán tan afectadas.

Este método se realiza con bebidas aromatizadas y zumos dado que las bajas temperaturas impiden que los aromas se volatilicen mucho. Además, los alimentos esféricos son los más difíciles de pasteurizar dado que la superficie exterior del producto influye en el tratamiento térmico a usar.

Fig. 31. Los zumos y bebidas aromatizadas se calientan a una temperatura inferior

- **Tipo de envase**. El recipiente tiene un papel fundamental a la hora de la conservación de un alimento. El material, la forma, la morfología o la porosidad son determinantes para conseguir una calidad y vida larga del alimento evitando la oxidación posterior.

Fig. 32. Los tipos de envase juegan un papel decisivo en el proceso de pasteurización

- **Pasteurización para no modificar el producto**. Debido al control exacto del tiempo y de la temperatura, el sabor, las propiedades nutritivas y el olor van a sufrir pocas alteraciones. Es vital cumplir con los protocolos de temperatura y tiempo, ya que, si no se hace, supone la supervivencia de microorganismos que pueden dañar la salud de los humanos.

  La conservación de los productos pasteurizados es de dos a tres semanas, pero requieren refrigeración, ya que algunos microorganismos permanecen vivos en los alimentos que al cabo del tiempo pueden crecer modificando las características físicas y químicas. También, una vez abiertos los productos, es aconsejable comerlos en breve.

- **Diferencia entre pasteurización y esterilización**. Ambos métodos se utilizan para destruir y eliminar los microorganismos con la aplicación de calor a productos que han sido introducidos en recipientes herméticos. La diferencia entre uno y otro es que la esterilización elimina cualquier forma de vida de un producto y por el contrario la pasteurización, reduce los microorganismos, pero no los elimina totalmente. Además, hay diferencias en la temperatura empleada y la vida útil del producto final.

En cuanto a los **diferentes procesos de pasteurización**, caben destacar los siguientes:

- Proceso de **pasteurización LTLT (Low Temperature Long Time) o pasteurización lenta**. Se trata de calentar una gran cantidad de líquido a baja temperatura durante mucho tiempo y después, se deja enfriar. Una vez terminado el proceso, hay que envasar de inmediato para evitar la contaminación.

- El proceso de **pasteurización HTST (High Temperature/Short Time) o pasteurización continúa**. Se usa para calentar líquido a granel de forma rápida a temperaturas altas durante un periodo corto de tiempo.

- Proceso de **pasteurización UHT (Ultra-High Temperature)**. Se asemeja a la esterilización dado que se utiliza una temperatura superior a los 100ºC y casi se eliminan todos los microorganismos que hay en los alimentos.

En lo que se refiere a la pasteurización de la leche y los zumos:

- La **leche** tiene un pH superior a 4,5 por lo tanto, es fundamental utilizar temperaturas más intensas para aumentar su vida. Si se lleva a cabo con temperaturas más bajas, su vida útil puede ser de dos a tres semanas, mientras que, si se procesa a altas temperaturas su vida puede alargarse hasta cuatro meses.

- En cuanto a los **zumos**, se pasteurizan a unos 70ºC durante unos 30 minutos. Poseen un pH ácido que limita el crecimiento de algunos patógenos por lo que la pasteurización es muy efectiva.

3.4. Influencia del pH y la actividad del agua en los tratamientos térmicos

Como ya se ha mencionado anteriormente el pH o nivel de acidez de un producto es vital a la hora de someter el alimento a un tratamiento térmico para que se alargue la conservación, como son la esterilización o la pasteurización.

Vocabulario

El **PH** "es el potencial de hidrógeno o potencial de hidrogeniones e indica el grado de concentración de iones de hidrógeno de un alimento u otro tipo de disolución. Es decir, el pH sirve para determinar el nivel de acidez de un compuesto".

La **escala del pH** va desde el 0 hasta el 14:

- El 0 es el que tiene más valor ácido y el último es el más básico, es decir, productos que no son muy **ácidos**.
- Los que tienen un valor de 7 son considerados ni ácidos ni básicos.
- Los neutros y los que se encuentran por encima del 7 son **alcalinos**.

Para cuantificar el nivel de acidez se usa la **regla del "menos es más"**, por lo que cuanto más ácido es un alimento, más bajo es su pH. La mayoría de los alimentos están entre un 3 y un 7% de pH, a excepción de las claras de huevo que están por encima del 7.

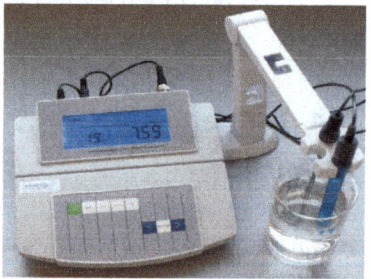

Fig. 33. Los pH metro se utilizan para medir el pH de alimentos

Para diferenciar entre un alimento ácido o alcalino es fundamental conocer su sabor, así, el sabor agrio se considera un alimento ácido y el sabor amargo a los alimentos alcalinos.

El nivel de acidez se mide de diferentes formas. Una forma muy sencilla es utilizando una tira de papel tornasol que se puede adquirir en cualquier farmacia. Al tocar el papel con algo, el color cambia. Por lo tanto, si la sustancia es básica el papel se vuelve azul y si es ácida se vuelve rojo. Generalmente los laboratorios de análisis agroalimentarios utilizan pH-metros, ya que los papeles de tornasol son poco fiables para medir el pH en alimentos con varios ingredientes y texturas.

A continuación, se va a justificar la importancia del pH en relación con la conservación de alimentos. Este tiene mucha importancia porque va a **determinar la temperatura y el tiempo** al que debemos someter los productos con el objetivo de eliminar los microorganismos y las enzimas.

El pH de un alimento **sí puede modificarse de forma natural**. Se puede incrementar el nivel de acidez de la conserva añadiendo ingredientes ácidos como más tomate, limón o vinagre. Aunque, se debe tener en cuenta que además de aumentar la acidez, se va a aumentar el sabor, por lo que se deben añadir productos ácidos, pero en la cantidad controlada.

Fig. 34. El tomate se usa para aumentar la acidez de las conservas

La razón por la que se incrementa la acidez de determinados productos es para aumentar su conservación o realizar un tratamiento térmico menos severo. Además, se **reduce** el riesgo de contener microorganismos, ya que en los alimentos ácidos el riesgo de contener bacterias patógenas es más bajo, ya que la acidez dificulta el crecimiento de microorganismos. La mayoría de estos se desarrollan en un pH neutro, entre 5 y 8.

Asimismo, se reduce el crecimiento de microorganismos con el incremento de la acidez, pero también se condiciona la acción de las enzimas y su resistencia a la temperatura. Los efectos de los cambios de pH en los alimentos:

- **Color**. Reducir el pH repercute en el color, sobre todo si contiene verduras la conserva.
- **Textura**. La reducción del pH puede ocasionar cambios en las proteínas modificando la textura en alimentos como lácteos, carnes o pescados.

- **Azúcares**. Los alimentos con pH bajo y azúcar al recibir un tratamiento térmico responden formando el azúcar invertido, es más dulce y se cristaliza menos.

3.5. Equipos utilizados en la pasteurización de alimentos

La maquinaria utilizada en los distintos tipos de pasteurización sería:

- **Pasteurizador Batch**. Uno de los métodos más eficaces para lograr un producto lácteo casi libre al 100% de microorganismos y libre de patógenos es calentar la leche en un recipiente.

  Esta máquina pasteurizadora Batch se puede usar para diferentes objetivos en la misma línea que el procesamiento de la leche. Así, por ejemplo, para el proceso de queso blando y yogur es recomendable calentar la leche a una temperatura más baja y durante más tiempo. Este pasteurizador puede ser usado asimismo como tanque de fermentación.

  Se trata de una cámara de calentamiento que se conoce como chaqueta de vapor que rodea el recipiente donde se coloca el producto que se quiere calentar. El calentamiento se produce al hacer circular el vapor a cierta presión por la cámara de calefacción.

  Estos pasteurizadores están equipados con agitadores anclados de velocidad baja mediante raspadores. Se puede instalar también una hélice de alta velocidad en combinación con el agitador anclado.

- **Pasteurizador HTST**. Se trata de un equipo diseñado para el tratamiento térmico de la leche, sus derivados y otros productos como zumos o refrescos en los que se eliminan los microorganismos patógenos a través de la aplicación de temperaturas altas durante un tiempo corto.

Su funcionamiento es el siguiente:

o El alimento está en un tanque donde se calienta hasta la temperatura de pasteurización que depende del producto.

o El alimento pasa al tubo donde se mantiene la temperatura.

o El alimento llega a la fase de enfriamiento para bajar la temperatura hasta 4 ºC con la finalidad de almacenarlo en frío.

Si surgiera algún problema con la temperatura de pasteurización, una válvula de desvío devuelve el alimento al depósito de balance con el objetivo de evitar problemas de contaminación microbiológica en el producto final.

- **Pasteurizadores UHT.** Debido al aumento en los costes de distribución de los productos pasteurizados, los procesadores han incrementado la temperatura de pasteurización, por encima del mínimo.

El proceso a **temperaturas ultra altas (UHT)** necesita un esterilizador y una unidad aséptica para el envasado del producto. Se usa con los productos con bajo nivel de acidez como la leche de soja o la leche saborizada UHT. Este mismo tratamiento se usa en la esterilización de alimentos como salsas, postres, sopas o alimentos para bebés.

El **objetivo** de este tratamiento es incrementar la eliminación y eliminación de microorganismos al mismo tiempo que se reducen los cambios químicos en los productos. Por lo tanto, se debe ajustar la temperatura ideal con el tiempo de procesado para los diferentes tipos de alimentos.

Existen **dos métodos alternativos** de tratamiento a temperaturas ultra altas, el directo y el indirecto. En el tratamiento directo, el vapor se introduce en el alimento durante poco tiempo y a continuación se refrigera el producto. Por el contrario, el tratamiento indirecto requiere un consumo menor de energía.

Resumen

En este módulo hemos descrito y analizado aspectos de la nueva gastronomía como es la restauración diferida. En primer lugar, hemos enumerado y analizado las principales e innovadoras técnicas usadas en la cocina como son tamizar, guisar, escalfar o flambear. También se han descrito algunas técnicas más modernas surgidas gracias a la aportación de las nuevas tecnologías.

Además, hemos analizado el concepto de la restauración diferida, sus funciones y características. Además, se han enumerado algunas nuevas herramientas tecnológicas en la cocina como las sartenes inteligentes o los abatidores de temperatura. También los sistemas de conservación en calor, en frío y en ultracongelación. Se ha hecho una comparativa de las cinco gamas de alimentos que existen en relación con el origen del producto.

Por otra parte, hemos tratado el tema de la cocina al vacío y su importancia en la gastronomía actual. Hemos analizado y enumerado algunas de las tendencias gastronómicas que han surgido o han cobrado más importancia a raíz de la pandemia como los restaurantes con servicio de entrega o la vuelta de la gastronomía francesa.

Hemos introducido el concepto de cocina al vacío, la cual se trata de una técnica que ha cobrado mucha importancia en los últimos años ya que es más saludable. Además, se ha explicado el origen de esta técnica que hay que remontarse al siglo XVIII. Además, se han descrito algunas máquinas y utensilios necesarios para llevar a cabo esta técnica como el robot de cocina, el cookpot o las bolsas de envasar al vacío. También, es una técnica que se puede realizar en casa y tiene las ventajas de que se cocina sin grasas añadidas y se mantienen todos los nutrientes de los alimentos.

Por último, hemos tratado el tema de la pasteurización y su importancia en el mundo de la alimentación. Hemos hecho un resumen de la vida y los triunfos de Louis Pasteur, científico francés que descubrió el tratamiento de la pasteurización, tan importante a la hora de eliminar los microorganismos en los seres vivos.

Por otro lado, hemos analizado y descrito el proceso de pasteurización de los alimentos, su objetivo, y el control tanto del tiempo como de la temperatura para obtener un proceso adecuado. Hemos descrito y estudiado los procesos de pasteurización de alimentos como la leche o los zumos. Además, hemos explicado la importancia del pH a la hora de realizar el tratamiento térmico de pasteurización. La acidez de los alimentos es un factor para tener en cuenta a la hora de llevar a cabo el proceso de pasteurización.

Por último, hemos descrito algunas máquinas que se utilizan en el proceso de pasteurización como la de UHT que se realiza a temperaturas ultra altas.

Glosario

Alimento ultraprocesado

Es, según la clasificación NOVA que categoriza a los alimentos en función del procesamiento que han recibido, aquel que se elabora a partir de ingredientes procesados y no contiene ingredientes frescos o que puedan identificarse en su presentación final.

Aliño

Salsa, condimento u otra sustancia que se añade a la comida para darle más sabor o hacerla más gustosa.

Anaerobias

Organismo que es capaz de vivir o desarrollarse en un medio sin oxígeno.

Bacilo

Cualquier bacteria con forma de barra o vara, y pueden encontrarse en muchos grupos taxonómicos diferentes tipos de bacterias. Sin embargo, el nombre Bacillus, se refiere a un género específico de bacteria.

Bizum

Es un proveedor de servicios de pago de España, fruto de la colaboración de la gran mayoría de las entidades bancarias del país para crear un sistema de pagos instantáneos entre particulares y de compras en comercios.

Carpaccio

Plato que se prepara con carne o pescado crudos cortados muy finos y macerados generalmente con zumo de limón o con aceite de oliva y queso.

Código QR

Es la evolución del código de barras. Es un módulo para almacenar información en una matriz de puntos o en un código de barras bidimensional.

Delivery

Es una actividad que forma parte del área de logística que tiene por finalidad colocar oentregar bienes, servicios, fondos o información directa en el lugar de consumo o uso.

Enzima

Son moléculas orgánicas que actúan como catalizadores de reacciones químicas, es decir, aceleran la velocidad de reacción. Comúnmente son de naturaleza proteica, pero también de ARN.

Fermentación

Es un proceso catabólico de oxidación incompleta, que no requiere oxígeno, y cuyo producto final es un compuesto orgánico. Es propio del metabolismo de muchos microorganismos y según los productos finales, existen diversos tipos de fermentación.

Flora intestinal

Conjunto de bacterias que viven en el intestino, en una relación de simbiosis tanto de tipo comensal como de mutualismo. Este conjunto forma parte del microbiota normal.

Heno

Hierba segada y seca que se usa para alimento del ganado.

Listeria

Una bacteria que se encuentra en la tierra y el agua. Puede encontrarse en una variedad de alimentos crudos, así como en alimentos procesados y hechos con leche no pasteurizada.

Microbio

Organismo microscópico animal o vegetal.

Mise en place

Se emplea en gastronomía para definir el conjunto de tareas de organizar y ordenarlos ingredientes, que un cocinero requiera para los elementos del menú que se va a preparar durante un turno.

Miso

Es una sopa japonesa preparada a base de un caldo dashi y pasta de miso, que le da nombre. Tiene diferentes ingredientes y preparaciones dependiendo la región y la temporada en que se haga. Además de la sopa suimono, es uno de los platos principales de la gastronomía de Japón.

Nitrógeno líquido

Es nitrógeno puro en estado líquido a una temperatura igual o menor a su temperatura de ebullición, que es de -196°C a una presión de una atmósfera. El nitrógeno líquido es incoloro e inodoro.

Organoléptica

Son todas aquellas descripciones de las características físicas que tiene la materia en general, según las pueden percibir los sentidos, como por ejemplo su sabor, textura, olor, color o temperatura.

Organoléptica

Que se percibe con los sentidos (untuosidad, aspereza, sabor, brillo, etc.), a diferencia de las propiedades químicas, microscópicas, etc.

Oxidación

Fenómeno químico en virtud del cual se transforma un cuerpo o un compuesto por la acción de un oxidante, que hace que en dicho cuerpo o compuesto aumente la cantidad de oxígeno y disminuya el número de electrones de alguno de los átomos.

Pasteur

Fue un químico, físico, matemático y bacteriólogo francés, cuyos descubrimientos tuvieron una enorme importancia en diversos campos de las ciencias naturales, sobre todo en la química y la microbiología.

Patógeno

Es cualquier microorganismo capaz de producir alguna enfermedad o daño en un huésped, sea animal o vegetal.

Patógeno

Es cualquier microorganismo capaz de producir alguna enfermedad o daño en un huésped, sea animal o vegetal.

Putrefacción

Descomposición de una materia o una sustancia por la acción de diversos factores y de determinados microorganismos.

Rehogar

Sofreír un alimento hasta que empieza a dorarse y antes de añadirle el agua, caldo o salsa con que va a guisarse.

Sake

Bebida alcohólica que se obtiene por fermentación del arroz.

Toxiinfección

Son aquellas enfermedades que se producen por la ingestión de alimentos con presencia de gérmenes, patógenos o sus toxinas. Estos procesos están causados por la ingestión de distintas bacterias y sus toxinas, por virus o por parásitos.

Toxina botulínica

Es una neurotoxina elaborada por una bacteria denominada Clostridium botulinum. La versión más popular de esta neurotoxina por su uso en estética se denomina bótox.

Vacuna

Es una preparación destinada a generar inmunidad adquirida contra una enfermedad, mediante la estimulación de la producción de anticuerpos.

Velouté

Es una salsa clara que está formada por un caldo, y ligada con un roux. Por ejemplo, una velouté de ave estaría formada por un fondo de ave y un roux rubio. Se trata de una «salsa madre», de tal forma que puede utilizarse como base para otras salsas de la cocina francesa.

Ejercicios de autoevaluación

1. ¿Qué son las técnicas culinarias?

   a. Técnicas de cocina aplicadas a humanos, frutas y verduras.

   b. Procesos de conservación de alimentos.

   c. Procesos que se aplican a los alimentos para hacerlos comestibles, conservables y sabrosos.

2. Dentro de la cocina sin calor, encontramos:

   a. Cocina con medios ácidos y en crudo.

   b. Cocina al vacío y ultracongelados.

   c. Todos aquellos que no utilizan el calor.

3. ¿Qué es el nitrógeno líquido?

   a. Es nitrógeno puro en estado líquido a una temperatura igual o menor a su temperatura de ebullición, que es de -195,8 °C a una presión de una atmósfera.

   b. Técnica utilizada para freír verduras y mantener su sabor.

   c. Proceso de elaboración de salsas.

4. La técnica donde se utilizan aceites o mantecas pala cocción se denomina:

   a. Cocción en combinación de medios.

   b. Cocción en medios grasos.

   c. Cocción en medios secos.

5. ¿Qué es la cocina al vacío?

a. Una técnica culinaria que consigue platos cuyos alimentos conservan todas sus propiedades además de quedar más jugosos y sabrosos.

b. Una técnica culinaria en la que se cocina a baja temperatura.

c. Una técnica culinaria ancestral donde el producto se conserva en tinajas.

6. Cuando cocinamos una pieza de carne es importante dorarla tanto en la cocina a baja temperatura como al vacío:

a. Para darle un mejor aspecto a la pieza o conseguir un efecto parrilla.

b. No es necesario porque ya está cocinada.

c. Va a depender del gusto del comensal.

7. Los hornos de convección al vapor:

a. Permiten cocinar a una temperatura adecuada para cualquier materia prima

b. No sirven para cocinar al vacío.

c. Es muy utilizado en la cocina a baja temperatura.

8. La pasteurización es un proceso que se realiza con:

a. La aplicación del frío.

b. La aplicación del calor.

c. La aplicación de gases.

9. La temperatura de la pasteurización es:

a. Superior a los 100 ºC.

b. Inferior a los 30 ºC.

c. Inferior a los 100 ºC.

10.¿Qué significa pH?

a. Proteína hidrogenada.

b. Potencial de hidrógeno.

c. Pescado hidratado.

Módulo 2. Objetivo esterilización, criogenia, esferificación, planificación y seguridad alimentaria

Introducción

En este módulo, además de los métodos vistos hasta ahora, incluiremos varios más, como la esterilización, la criogenia, y las espumas. Veremos qué son y en qué consisten, además de conocer las técnicas que existen para conseguir estos procesos.

Para brindar un servicio excelente a la clientela, la organización de la cocina en el restaurante debe ser perfecta. El trabajo que se lleva a cabo en la cocina está reflejado en el sabor y en la presentación de cada plato. No obstante, la seguridad y la salud también son muy necesarios.

Los momentos tan delicados que hemos vivido y estamos viviendo en cuanto a los cuidados sanitarios, ha hecho que se extremen las precauciones en todas las áreas, especialmente en la hostelería y el turismo. A pesar de que el coronavirus no es una enfermedad que se transmite a través de la alimentación, sí que puede producir contaminación cruzada.

Desde que los ingredientes llegan al restaurante hasta que se sirve la comida en la mesa, todo debe estar bien organizado y la organización en la cocina implica ventajas, desde el ahorro de energía hasta la rapidez en realizar los platos.

En este módulo veremos cómo realizar un análisis y conocer características de los establecimientos de restauración para planificar, gestionar y almacenar eficazmente los alimentos y bebidas.

Objetivos

- Desarrollar y definir las técnicas de esterilización, criogenia, esferificación y elaboración de espumas, y adquirir los conocimientos de planificación y seguridad en la cocina.

Para empezar...

La **cocina de vanguardia** es un movimiento gastronómico que surgió en España entre la década de los 80 y 90. Al principio se centralizó en el País Vasco, por lo que se conocía como la "nueva cocina nueva". Cocineros de prestigio como José Mari Arzak o Ferrán Adriá tuvieron un papel muy relevante en el surgimiento, desarrollo y expansión. Esta nueva manera de cocinar rompe con todo lo establecido anteriormente en cuanto a la gran calidad de los productos y la utilización de la nueva tecnología.

Con el tiempo, esta innovadora combinación entre cocina y tecnología se expandió por el resto del mundo.

Las características principales de la cocina de vanguardia son las siguientes:

- Pretende sorprender.
- Creatividad. Busca sorprender a la clientela por medio de nuevos retos. Innovación y creatividad en cada plato.
- El sabor como gran protagonista. Brindar una experiencia única.
- La **estética** es un elemento fundamental. Pequeñas porciones a modo degustación con diferentes texturas, técnicas, etc.
- Usa **técnicas muy modernas**. Se trabajan con temperaturas como el frío-caliente o texturas suave-crujiente.

Por lo tanto, la cocina de vanguardia es experimentación. Asimismo, han surgido técnicas modernas derivadas de la utilización de diferentes procesos químicos y la creatividad.

A continuación, algunas técnicas de la cocina de vanguardia:

- **Deconstrucción**. Se trata de transformar las formas, las temperaturas y las texturas de los ingredientes sin perder los sabores originales. A través de esta técnica se modifican algunas propiedades de los alimentos, aunque el sabor no cambia. Esta técnica fue creada por Ferrán Adriá en su restaurante El Bulli. Una de sus más famosas creaciones fue la tortilla de patata líquida con espuma presentada en una copa.

Fig. 1. La técnica de la deconstrucción creada por Ferrán Adriá

- **Gelificación**. Consiste en lograr texturas más sólidas al utilizar gelificantes como el agar o el iota. Estos gelificantes espesan cremas, helados y salsas.

Fig. 2. La gelificación permite esperar salsas o cremas

- **Esferificación**. Trata de gelificar la capa exterior del alimento para después crear una forma esférica que envuelve el líquido que hay dentro. Se utiliza para ello el alginato de sodio, que es una sustancia que se extrae de las algas y cloruro de calcio.

Fig. 3. La esferificación es otra de las técnicas de la cocina de vanguardia

- **Cocción a baja temperatura**. Al mantener los alimentos a temperaturas bajas se consigue modificar sus propiedades logrando sabores y texturas únicas. No se debe cocer los alimentos a más de 80 ºC.

- **Nitrógeno líquido**. Consiste en cocer los alimentos a través de la congelación. La idea consiste en sumergir el alimento en nitrógeno y se congela inmediatamente. Se consiguen diferentes resultados.

- **Cocción al vacío**. Técnica que permite que los alimentos conserven su consistencia y su sabor. Proporciona calidad sin conservantes y consigue sabores intensos y únicos. Se trata de cocer al vacío a una temperatura baja durante un tiempo largo.

 **Recuerda**

En unidades anteriores hemos aprendido sobre esta técnica y los veneficios que aporta como método de conservación.

- **Parrilla inversa**. Se trata de un tipo de parrilla que, en lugar de calentar, enfría los alimentos rápidamente. Se consigue llegar a temperaturas de hasta -34 ºC, sin usar nitrógeno líquido. Se obtienen texturas cremosas y frías, ya que se congelan cremas, purés, salsas o mousses, por lo tanto, se utiliza mucho en la repostería de vanguardia.

- **Pistola de ahumado**. Es una técnica para caramelizar o ahumar de manera rápida y sencilla, además, brinda una comida con un sabor único sin necesidad de aplicar calor directo dado que marina los alimentos con el humo antes de cocinarlos.

- **Transglutaminasa**. Se trata de un tipo de pegamento comestible que tiene proteínas que permite combinar carnes en una sola preparación. Por ejemplo, se puede pegar molecularmente carne de res con cerdo. Además, permite moldear la carne y darle diferentes formas.

- **Evaporador de Rotación o Rotostat**. Es un instrumento que se emplea en los laboratorios químicos para separar sustancias a través de la evaporación. Comenzó a utilizarse en la cocina en el 2004, ya que podía retener los aromas de los ingredientes como el café o el chocolate sin necesidad de dejar rastros físicos de ellos.

- **Pacojet**. Un aparato para preparar sorbetes y helados y platos salados como rellenos, salsas o mousses. En primer lugar, se deben congelar los ingredientes a -22ºC durante un día, a continuación, se colocan en el aparato y se deja que el aparato haga su trabajo. Entre sus ventajas están el que no se desperdicia alimentos, se ahorra tiempo y permite ser creativo e innovador.

Fig. 4. Hoy en día existen aparatos que preparan sorbetes, cremas o helados como Pacojet

- **Centrífuga**. Este aparato permite separar la parte líquida de la sólida en los alimentos. Por ejemplo, en las fresas se extrae el líquido para convertirlo en gelatina y el puré se convierte en coulis.

- **Deshidratador**. Permite deshidratar las frutas y verduras de forma muy rápida. Los alimentos eliminan el agua y se evita que se pierdan los nutrientes y que se adquieran texturas y sabores concentrados.

Fig. 5. Los alimentos deshidratados eliminan el agua, pero mantienen los nutrientes

- **Sifón**. Se usa mucho en la cocina molecular para crear espumas frías y calientes con una textura esponjosa y suave parecida a la mousse, pero con la ventaja de que no usa lácteos ni huevos.

Los alimentos antes de llegar al plato han pasado por muchas fases. Algunas veces esos alimentos han pasado por la tecnología en su elaboración.

La **tecnología culinaria** es adquirir las habilidades necesarias para trabajar de forma profesional en una cocina. Esto significa conocer las técnicas culinarias y comprender la organización y gestión de los equipos, utensilios y espacios. Asimismo, es indispensable conocer las necesidades de almacenamiento y aprovisionamiento para poder realizar las técnicas culinarias sin problemas. Desde hace ya años, la tecnología también ha entrado en la cocina de la mayoría de los restaurantes

La tecnología culinaria incluye diversos procesos por los que han pasado los productos alimenticios: la recogida, la conservación, el transporte, el almacenamiento, la manipulación, la preparación y la presentación del producto. Además, se debe destacar que la tecnología culinaria forma parte de la **Ciencia de los Alimentos**.

Las nuevas tecnologías han entrado y se han desarrollado en todos los sectores empresariales, incluidos el sector de la gastronomía y el turismo. El trabajo en la cocina está en evolución gracias a los avances en la tecnología.

A continuación, algunos de los avances más importantes:

- Gestión de frescura. Se trata de un sistema desarrollado en Estados Unidos que permite controlar la conservación de los alimentos. Por lo tanto, corporativas, proveedores y productores pueden controlar la información sobre la conservación en tiempo real.
- Alimentos en spray. Una empresa vasca es la compañía europea que ha fabricado y comercializado este producto.

Fig. 6. Los alimentos en spray se han convertido en habituales

Comprobar el estado de conservación del aceite. Esta comprobación se realiza gracias a un test. Es una idea perfecta para establecimientos y restaurantes en los que se usan freidoras de forma habitual.

La cocina molecular. Se basa en experimentar con la física y la química en la cocina para conseguir nuevas texturas y sabores.

Sensores de alimentos. Dispositivos que se encargan de rastrear la presencia de sustancias tóxicas y químicas en los alimentos. Se trata de una manera de asegurar la seguridad y la calidad de los ingredientes que se usan en la cocina.

Fig. 7. Sensores de alimentos para saber si un alimento contiene gluten

Desde el inicio de la vida, desde que se descubrió la forma de hacer fuego, las personas han volcado la creatividad y la imaginación para crear y desarrollar platos con diferentes sabores y aromas.

Fig. 8. La gastronomía molecular en la actualidad juega un papel muy importante dentro de la gastronomía

La **cocina molecular**, que no es un tipo de cocina tradicional como la mediterránea o la tailandesa, es, por lo tanto, una disciplina científica que ha abierto nuevas posibilidades dentro de la gastronomía. En la actualidad, además de la creatividad es necesario investigar, experimentar y descubrir dentro de la cocina con ingredientes, nuevas técnicas, etc.

Se habla de cocina molecular cuando para la creación de platos utilizamos elementos químicos.

Fig. 9. La técnica de elaboración de espumas es una técnica de la cocina molecular

En las últimas décadas la utilización de la ciencia molecular y las técnicas en las cocinas de grandes chefs vanguardistas han ido aumentando y se ha llegado a desarrollar la gastronomía molecular o cocina molecular.

Esta tendencia culinaria implica no solamente el uso de elementos químicos, sino que también representa el estudio de ingredientes naturales y las reacciones químicas que se producen en los alimentos. Es decir, estudia las modificaciones de los alimentos en la cocina.

Hay que remontarse hasta marzo de 1969, cuando Nicholas Kurti, un físico inglés de origen húngaro que era miembro de la Universidad de Oxford realizó una conferencia titulada "El físico en la cocina", en la que realizó varias reflexiones muy interesantes sobre la cocina. Al cabo de unos años, se unió a los trabajos Hervé This y juntos dan origen a una nueva disciplina "La gastronomía molecular". Ambos trataban en sus investigaciones de descubrir qué es lo que pasaba en las ollas de cocina, conocer porque algunos alimentos pierden el color cuando se cocinan a cierta temperatura, etc.

En la actualidad gracias a los experimentos e investigaciones tenemos información sobre las siguientes cosas:

- Las reacciones tanto químicas como físicas de los alimentos.
- Funcionamiento del sentido del gusto.
- Invención de nuevos aparatos y utensilios.
- Innovación en la tecnología culinaria.
- Nuevas texturas y consistencias.

Fig. 10. Ferrán Adriá es uno de los principales representantes de la cocina molecular

No obstante, muchos grandes chefs actuales han creado un movimiento vanguardista conocido como "Cocina molecular". Entre estos grandes chefs destacan Heston Blumenthal o Ferrán Adriá, los cuales han combinado nuevos ingredientes con ciencia y técnicas para servir tradicionales innovadores.

En la actualidad, la cocina molecular es exigida por la comunidad gastronómica mundial y los principales restaurantes del mundo la siguen y la desarrollan. Gracias a ella, se ofrecen nuevos sabores, texturas y formas como por ejemplo un helado realizado con la espuma de la cerveza.

1. Uso del método de esterilización

La **esterilización** de los alimentos es un proceso de orígenes antiguos, de la época en la que el ser humano descubrió el fuego y como consecuencia los beneficios de someter los alimentos a determinadas temperaturas.

En la actualidad, existen **diversas técnicas** para la conservación de los alimentos, prácticas muy importantes para conseguir alimentos más seguros para los seres humanos. No obstante, no se aconseja esterilizar alimentos en casa, ya que es muy difícil alcanzar las temperaturas necesarias de este procedimiento.

El **objetivo** de la esterilización de los productos envasados en envases o recipientes cerrados herméticamente es la eliminación y destrucción de todas las bacterias contaminantes, incluidas las esporas, sin modificar o alterar las características organolépticas y las propiedades nutricionales de los alimentos. La esterilización debe realizarse de forma controlada y a altas temperaturas para eliminar las bacterias más resistentes al calor.

La **técnica de esterilización** en alimentos en conserva se divide en **tres fases**:

- **Calentamiento**. La temperatura del alimento aumenta hasta la temperatura de esterilización deseada.
- **Mantenimiento**. La temperatura se mantiene durante un tiempo concreto.
- **Enfriamiento**. La temperatura disminuye.

La esterilización, como **técnica de conservación** de alimentos vegetales y animales, debe realizarse bajo unas condiciones adecuadas de seguridad. Asimismo, en la mayoría de las normativas de los países, la esterilización de los alimentos con autoclave es un requisito legal para comercializar y producir los alimentos en conserva.

La **esterilización comercial** o esterilización de alimentos en conserva, es una técnica física de conservación de alimentos que están envasados herméticamente en un envase o recipiente, los cuales han sido sometidos a unas temperaturas muy elevadas durante un tiempo determinado con el objetivo de eliminar o destruir completamente los microorganismos, esporas y patógenos. Es un método físico porque no se emplean gases ni reactivos químicos.

Fig. 11. La esterilización de alimentos en agua hirviendo

Debido a la destrucción y eliminación por completo de cualquier hongo o bacteria se consigue alargar la vida de los alimentos esterilizados, que puede ser de hasta cuatro meses y, además, no necesitan guardarse en lugar frío.

Se diferencia de la pasteurización porque la esterilización elimina completamente todos los microorganismos y esporas mientras que la pasteurización elimina la mayor parte de microorganismos, pero no las esporas.

No obstante, al usar altas temperaturas en el proceso de esterilización, la calidad del producto puede verse afectada reduciendo el valor nutricional al destruir aromas y vitaminas. Además, puede causar cambios organolépticos como alteraciones en el sabor o el color.

Por lo tanto, para minimizar al máximo esos posibles efectos, es fundamental utilizar de forma correcta los parámetros, como la temperatura y el tiempo de exposición. Se debe tener en cuenta lo siguiente:

- **Las características de los alimentos**. Tanto la longitud como la anchura, la forma y la composición son relevantes, aunque el más importante es el pH dado que determina la viabilidad en el alimento. La mayoría de los alimentos están entre unos valores de pH de 3 a 7. Un alimento es más ácido cuanto más bajo sea su valor de pH.

La esterilización se realiza a temperaturas superiores a 100 ºC en alimentos con un pH neutro, 4,5, ya que en los alimentos con un pH ácido se emplean temperaturas inferiores a 100 ºC porque los microorganismos no pueden crecer en productos con pH ácido.

- **Tipo de envase**. El envase tiene un papel fundamental en lo que se refiere a la conservación del alimento. El material, la forma, la porosidad o la morfología son muy determinantes para garantizar la vida útil y la calidad del producto.

La esterilización se puede realizar en todo tipo de pescados, frutas, verduras y carnes, además de en cremas, sopas o mermeladas.

Fig. 12. Los envases son un factor a tener en cuenta a la hora de esterilizar alimentos

El sistema más utilizado en la esterilización de alimentos en conserva es el de calor húmedo, en el que se utiliza el vapor de agua para transmitir energía térmica y destruir los microorganismos. Se realiza en un tiempo corto debido a la gran cantidad de calor que transmite el vapor de agua.

1.1. El concepto de "esterilidad"

La esterilidad se denomina a la condición que se logra mediante la aplicación de calor y que, como consecuencia produce la eliminación y destrucción de los microorganismos presentes en esos alimentos que constituyen una fuente de posibles enfermedades para los seres humanos. Estos microorganismos constituyen un peligro para la salud, ya que son capaces de reproducirse en los alimentos en condiciones normales de distribución y de almacenamiento sin estar refrigerados. La máquina más utilizada para la esterilización de los alimentos es el autoclave.

La **esterilidad comercial** en conservas y alimentos en lata se refiere al proceso por el cual se somete un alimento a altas temperaturas para eliminar los microorganismos o patógenos que son causantes de toxinas y para garantizar la conservación del producto en el envase.

El proceso más habitual sobre todo en productos en lata es el dedicado a la reducción de Clostridium Botulinum, que es una bacteria capaz de formar esporas de una toxina que causa la intoxicación que se conoce como botulismo. Para garantizar la ausencia de esta bacteria que haya podido sobrevivir al proceso de esterilización, es obligatorio llevar a cabo un control de calidad por medio de análisis microbiológicos.

1.2. Técnicas de esterilización

Las técnicas de esterilización pueden clasificarse en dos grupos: físicas y químicas, que depende de que el agente que se utilice sea físico o químico.

A. Métodos físicos de esterilización

Los métodos físicos son los siguientes:

- **Calor seco (con horno)**. La esterilidad se consigue gracias a las altas temperaturas del aire. Consiste en el aprovechamiento del calor que produce una resistencia eléctrica dentro de un envase o recipiente cerrado herméticamente donde se ha colocado previamente un producto. Además, es necesario controlar la temperatura con instrumental adecuado como un termostato o un regulador automático de temperatura.

El **protocolo de esterilización** mediante calor seco es el siguiente:
o Colocar el producto dentro de la máquina, o si son varios productos que quede espacio entre ellos.
o Cerrar la máquina.
o Dependiendo de los productos determinar la temperatura deseada a alcanzar.
o Establecer un tiempo y transcurrido ese tiempo, sacar el producto o productos de la máquina de esterilización.

Fig. 13. Horno para esterilización en seco

Existen máquinas de esterilización con ventiladores en el interior que permiten la circulación del aire por lo que garantiza la homogeneización de la temperatura, con la ventaja de que requieren menos tiempo de esterilización.

- **Calor húmedo (Autoclave).** La esterilización se consigue por el vapor del agua que ha sido calentada a altas temperaturas previamente y se ha mantenido a presión. El producto se introduce en un recipiente que ha sido cerrado herméticamente.

Un **autoclave** es una máquina que usa la combinación de vapor y alta presión con la finalidad de transferir calor a los artículos o productos colocados dentro. Fue inventada por Charles Chamberland en 1879 y el primer autoclave era una olla a presión muy sofisticada. Al igual que la olla a presión, el autoclave ha pasado a lo largo de los años por muchas mejoras, desde las primeras máquinas mecánicas y básicas hasta las más modernas obras de ingeniería que están totalmente computarizadas. Otra de las áreas donde más se hace uso de la esterilización son los laboratorios, los hospitales donde se utilizan los autoclave para esterilizar equipos médicos, líquidos o suministros.

- **Radiaciones Ionizantes.** Cabe destacar aquí que los rayos gamma se utilizan en la industria médica y farmacéutica. Se caracterizan por una alta energía y gran penetración, pero es muy costoso. Los rayos ultravioletas cuya acción es superficial, se utilizan sobre todo para reducir los microorganismos en el quirófano. No tienen efecto esterilizante sobre algunos microorganismos.

- **Ondas Supersónicas (microondas odontológico).** Se trata de un aparato que lleva un foco emisor de alta frecuencia que causa vibraciones en las moléculas de los microorganismos, las cuales se transforman por fricción en calor y de esta manera se destruyen todas las estructuras vivas.

- **Filtración.** Se trata de un proceso que va a impedir el paso de microorganismos de un ambiente a otro.

- **Ebullición.** Con agua, que hierve a 100 ºC, este sistema garantiza la esterilización siempre que se cumpla el tiempo que cada producto o material requiera para cumplir con éxito el proceso de esterilización y que se eliminen los microorganismos, pero no las esporas. El tiempo de ebullición varía según el material o el producto.

- **Flameo.** Se refiere al calor que causa una llama de alcohol o gas. Es un procedimiento último que consiste en colocar en la llama al objeto a esterilizar. La llama produce una temperatura muy alta, en gas se alcanzan los 1000 ºC. Aunque esta temperatura tan alta produce un deterioro del instrumento.

B. Métodos químicos de esterilización

En cuanto a la esterilización por métodos químicos, se destacan los siguientes:

- **Óxido de etileno**. Se utiliza ante todo en la industria médica y odontológica y se usa para esterilizar equipamiento electrónico o productos termolábiles como el plástico. Se trata de un gas de acción lenta, pero muy potente y que se inflama cuando aparece en concentraciones superiores al 3%. Tiene la capacidad de esterilizar a temperatura ambiente.

- **Soluciones químicas.** Se trata de sumergir instrumentos en desinfectantes de alto nivel con acción fungicida, esporicida y viricida. Es un proceso que requiere cuidados especiales de manipulación y almacenaje del instrumental.

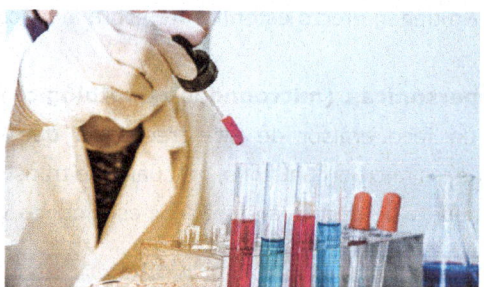

Fig. 14. Esterilización química de alimentos

En la actualidad existen métodos para comprobar la esterilización, es decir, realizar el control de calidad del proceso de esterilización. Para llevar a cabo este control, existen:

- **Indicadores físicos.** Los Indicadores se colocan en el interior para comprobar el tiempo de esterilización, la temperatura y la presión en un equipo. Los indicadores están calibrados para detectar cualquier fallo a través de la incorporación de sensores de carga o termómetros, entre otros, que sirven de mucha utilidad para comprobar la esterilización.

- **Indicadores químicos**. Se trata de productos que contienen sustancias químicas que cambian de color cuando se cumple un proceso clave de la esterilización, como por ejemplo la temperatura necesaria.
- **Indicadores biológicos**. Se trata del mejor método para comprobar la eficacia del proceso de esterilización. Sirven para confirmar la ausencia o la presencia de microorganismos después de la esterilización. Es el mejor método para determinar la eficiencia de un proceso de esterilización.

1.3. Vapor de agua

El calor húmedo destruye los microorganismos a través de la coagulación de las proteínas celulares de estos. El método principal de esterilización que usa el calor húmedo es la esterilización por vapor a presión.

Asimismo, existen otros métodos que usan este tipo de calor, aunque no destruyen totalmente los microorganismos, pero disminuyen la carga de microbios que posee el material. Entre estos métodos cabe destacar el agua hirviendo, la pasteurización o la olla a presión.

Fig. 15. Autoclave para esterilización

La esterilización por vapor a presión se realiza en un autoclave. Estos equipos usan vapor de agua saturado a una presión de 15 libras y esto hace que la cámara alcance una temperatura de 121 ºC. El tiempo de esterilización generalmente es de 15 minutos, aunque el tiempo va a depender de lo que se quiera esterilizar.

Al utilizar el autoclave, es necesario **controlar** la relación entre la temperatura, la presión, y el tiempo de exposición, ya que son factores clave en el proceso.

Cuando el vapor se coloca bajo presión es cuando la temperatura aumenta superando los 100 ºC, con lo que se permite alcanzar las temperaturas de esterilización, 121 ºC.

Este método de esterilización tiene unas **ventajas** como son:

- No deja residuos.
- Los autoclave modernos son fáciles de usar y rápido.
- Es un método eficaz para esterilizar cultivos de microorganismos, instrumentos quirúrgicos o materiales termoestables.

Antes de comenzar el proceso, se deben tener en cuenta algunos **factores** como:

- Sacar todo el aire de la cámara del autoclave porque si no, no se van a alcanzar las condiciones deseadas de esterilización.
- Se debe garantizar también la libre circulación del vapor de agua dentro de la cámara.
- Se deben utilizar indicadores físicos como medidores de presión o termómetros para comprobar si el proceso de esterilización funciona. Aunque se recomienda también la utilización de controles biológicos por lo menos, una vez a la semana para comprobar el funcionamiento del autoclave.

1.4. Irradiación

Según autores "La irradiación de alimentos, la aplicación de radiación ionizante a los alimentos es una tecnología que mejora la vida útil y la seguridad de los alimentos a través de la disminución o eliminación de microorganismos e insectos".

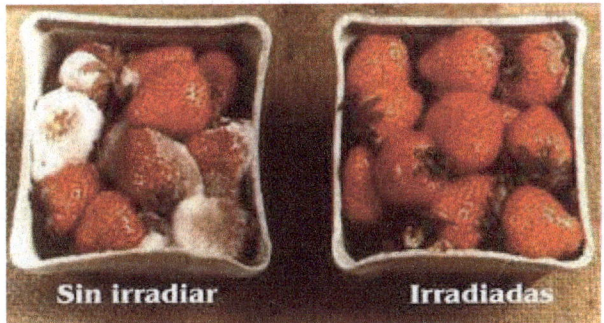

Fig. 16. Diferencia entre alimentos que han sido irradiados y los que no han sido irradiados

La **irradiación** consigue que los alimentos sean más seguros para las personas al igual que las verduras enlatadas o la leche pasteurizada. La Administración de Medicamentos y Alimentos es la encargada de regular las fuentes de radiación que se usan para irradiar los alimentos.

Esta técnica no compromete la calidad nutricional de los alimentos no cambia ni la textura, ni el gusto, ni la apariencia de estos. Tampoco hace que los alimentos sean radiactivos.

Las **razones para aplicar la irradiación** en los alimentos:

- **Prevenir enfermedades** que se transmiten por los alimentos como la salmonella. La irradiación se usa para eliminar de forma total los organismos que son las causantes de las enfermedades transmitidas por alimentos.

- **Conservar**. Extiende la vida de los productos.

- **Controlar los insectos**. Se destruyen los insectos en el interior de frutas tropicales que se exportan a países. Además, disminuye el uso de otras prácticas para controlar las plagas que pueden dañar las frutas.

- **Retrasar** la maduración de la fruta y aumentar su duración.

- **Esterilizar** alimentos que se pueden almacenar durante años.

En cuanto a las técnicas que se usan y están aprobadas para su utilización en los alimentos. Cabe destacar las siguientes:

- **Los rayos gamma**. Su uso es para esterilizar productos dentales, médicos.

- **Los rayos X**. Consiste en la reflexión de electrones de un metal pesado hacia los productos alimentarios.

- **El haz de electrones**. Se trata de un flujo de electrones impulsados por un acelerador hacia los productos alimentarios.

La "Administración de Medicamentos y Alimentos" ha evaluado la seguridad de los alimentos irradiados durante muchos años y ha descubierto que es un proceso seguro. Además, la "Organización Mundial de la Salud y el Departamento de agricultura de EEUU", también respaldan la decisión tomada con respecto a la seguridad de los alimentos irradiados.

Fig. 17. Logotipo de alimentos que han sido irradiados

Entre los alimentos que han sido aprobados para ser irradiados en los Estados Unidos se destacan:

- Carne de cerdo.
- Algunos crustáceos como el cangrejo, el camarón y la langosta.
- Verduras y frutas frescas.
- Algunos moluscos como almejas, mejillones y ostras.

- Carne de ave.
- Semillas.
- Huevos.
- Condimentos y especias.

Para conocer qué alimentos han sido irradiados la "Administración de Medicamentos y Alimentos" exige que contengan el símbolo internacional de irradiación junto con la declaración "Manipulado con radiación" en la etiqueta del producto".

Cabe destacar que la irradiación no reemplaza las prácticas correctas de manipulación de los alimentos por parte de los consumidores o productoras. Estos alimentos deben ser manipulados, cocinados y almacenados de la misma manera que los otros alimentos, ya que podrían contaminarse con organismos si no se siguen las normas básicas de seguridad.

1.5. Esterilización química

Entre los métodos de esterilización química se pueden destacar los siguientes:

- Las fermentaciones, que tienen la función de conservación.
- La adición de compuestos en función de si se modifican o no las características organolépticas.

Si no se modifican las características organolépticas de los alimentos hablamos de conservantes.

Por el contrario, si modifican las características, se puede añadir sal como es el caso de los embutidos o el bacalao salado. Además, se puede añadir azúcar como en las mermeladas, jaleas o leche condensada.

2. Elaboraciones con nitrógeno líquido: criogenia

El nitrógeno líquido, también conocido como N2 es el fluido criogénico más usado para congelar, enfriar y almacenar productos alimenticios.

El N2 es nitrógeno puro en estado líquido a una temperatura menor o igual a su temperatura de ebullición, -195,8 ºC, y que se ha obtenido por destilación fraccionada del aire licuado.

Se le conoce por la abreviatura LIN o LN o LN2. Es incoloro e inodoro, sin embargo, presenta cierto riesgo al manipularlo, sobre todo si se vaporiza rápidamente en un espacio cerrado, como ocurrió por ejemplo en la Universidad de Texas en 2012, en la que además de una explosión fuerte, se produjeron asfixia por el reemplazamiento del oxígeno en el lugar.

También puede originar quemaduras, por lo tanto, se debe manipular con guantes aislantes y necesita una serie de medidas de seguridad para el transporte y su almacenamiento.

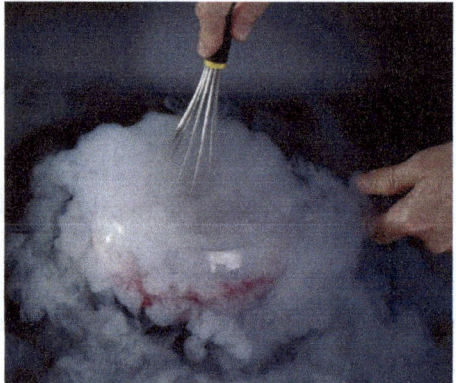

Fig. 18. El N2 como técnica en la cocina de vanguardia

Para evitar cualquier daño innecesario, se deben consumir los alimentos elaborados con nitrógeno líquido siguiendo una serie de medidas de seguridad y prevención. Es aconsejable degustar los productos a temperaturas superiores a -18 ºC.

Dado que se encuentra a temperaturas muy bajas, permite la congelación de alimentos frescos, congelados o procesados y su posterior cocción a través de la aspersión o por inmersión en el líquido. El proceso es muy rápido y garantiza la conservación de la calidad y la textura de los alimentos.

La congelación inmediata favorece la creación de helados cremosos al minimizar el efecto de la formación de cristales de hielo y se reduce los efectos provocados por el deterioro microbiano y enzimático, manteniendo, además, todo el sabor, color y olor de los alimentos.

Las primeras pruebas de la utilización del nitrógeno líquido como criogenizador de alimentos se remontan a los años 1890, cuando Agnes Marshall, que fue conocida como la reina de los helados, dejaba constancia del uso de aire líquido en la creación de helados en algunos de sus libros como "Fancy Ices" o "The table".

 Cita

En este último, The Table" la autora cita lo siguiente: «los poderes del aire líquido como complemento a la cocina son asombrosos [...] Con la ayuda del oxígeno líquido, por ejemplo, cada uno de los invitados a un almuerzo puede elaborar su propio helado en la mesa, revolviendo simplemente los ingredientes del helado con unas gotas de aire líquido; una sola gota dentro de un vaso enfría el champagne con más éxito que usando dos o tres pedazos de hielo [...] El aire líquido conseguirá, dentro de poco tiempo, hacer lo mismo que el hielo pero mucho más rápido.»

Al cabo de los años, Clarence Birdseye, empleó el nitrógeno líquido para la creación de helados con menor presencia de cristales de hielo en su textura (cuanto más rápido es el enfriamiento menor es la presencia de cristales). Otras fuentes señalan los primeros usos del nitrógeno líquido en la cocina en los años 80 del siglo pasado, cuando el chef André Daguin propuso la receta del sorbete de vino blanco enfriado gracias al nitrógeno líquido.

Aunque no fue hasta 1988 cuando se comercializó el primer helado instantáneo, las bolitas creadas por el microbiólogo Curt Jones Flash, quien abrió camino a la experimentación y divulgación culinaria por parte de los físicos Hervé This o Nicholas Kurti que junto al chef inglés Heston Blumenthal introdujeron el nitrógeno líquido en las principales elaboraciones culinarias como en los helados, espumas, polvo de aceite de oliva, esferas heladas, etc.

En algunas celebraciones incluso se pueden usar bebidas más elaboradas como el "efecto humo" que se produce cuando las pequeñas gotas de nitrógeno líquido entran en contacto con el aire de alrededor, condensando el vapor presente.

Fig. 19. El nitrógeno líquido se usa también en bebidas

En resumen, el nitrógeno líquido brinda un método único y divertido para elaborar platos con texturas únicas. Además de los ejemplos que se han mencionado, también destacan las hamburguesas congeladas con nitrógeno que provoca que se cocine sin sobre cocinarse.

Hoy en día todavía se sigue investigando y experimentando con este método dado que puede brindar muchas variedades a las elaboraciones y preparaciones de los platos de la gastronomía.

El nitrógeno es uno de los gases que más abunda en nuestra atmósfera y cuando se licua debido al proceso de destilación del aire líquido se mantiene por debajo de su temperatura de ebullición, alrededor de -196 ºC.

El **N2** se conoce por su capacidad para conseguir congelar y refrigerar todo tipo de sustancias, tanto artificiales como biológicas. En los años 70 del siglo pasado llamó la atención entre profesionales de la cocina debido a su capacidad de bajar la temperatura de forma drástica. Sin embargo, hasta los años 90 no se produce el salto cualitativo en la gastronomía y se convierte en una herramienta al alcance de los profesionales de la cocina que buscan un toque sofisticado en los platos.

El N2 se mantiene a una temperatura baja extrema, por lo que se debe trabajar con mucho cuidado, como si se estuviera cocinando con aceite hirviendo. En la cocina se deben usar guantes de seguridad, ya que pueden producir daños en la piel.

En cuanto a los chefs que utilizan esta técnica destacan Heston Blumenthal, Dani García o Ferrán Adriá. Estos profesionales brindan platos elaborados con nitrógeno líquido, a través de los cuales buscan la fusión entre la ciencia, la innovación y la gastronomía.

Fig. 20. El nitrógeno líquido se usa también desde hace tiempo en la elaboración de sorbetes

En la actualidad, se utilizan técnicas de cocina con nitrógeno líquido que van más allá de los sorbetes. Además, se crean nieves, planchados, tipos de helados y se puede jugar con la textura en gazpachos y sopas heladas.

En lo que se refiere a la utilización del N2 en la cocina. Su uso comenzó en los años 70 con el chef André Daguin y su sorbete de vino. Ya en el siglo XXI tuvo un mayor impulso con Ferrán Adriá, gracias a él adquiere mucha importancia, por lo que, pasó a ser una herramienta con mucha presencia en las cocinas de alto nivel. Además, no solamente se emplea en la preparación de bebidas, sino que se emplea en todo tipo de alimentos como el bizcocho tradicional.

La **finalidad del nitrógeno líquido** es enfriar todo tipo de alimentos de un modo extremo. No es un ingrediente que se añade a los platos para ser ingerido. Asimismo, los alimentos no pueden consumirse ni ser tocados hasta que no se haya producido la evaporación total. Sin embargo, su manipulación debe realizarse siguiendo las precauciones, ya que su temperatura puede causar daños serios en la piel.

El N2, un gas inerte se ha puesto en manos de grandes profesionales para crear recetas creativas e innovadoras. Las funciones del nitrógeno líquido son las siguientes:

- **Cocción en frío**. Se produce como consecuencia de la congelación que produce la deshidratación de los alimentos de la misma manera como si estuvieran sometidos a una fuente de calor.

- **Modificación de las texturas**. Se pueden crear resultados muy diversos que se van a transformar en experiencias para recordar.

Entre sus aplicaciones destacan:

- La mezcla por agitación que elabora helados sin cristalización.
- La inmersión que significa la formación de varias capas heladas.
- Las técnicas de plancha, aspersión o decoración.

Otro factor a tener en cuenta es la presentación, la cual se ha convertido en un espectáculo en los platos de cocina.

2.1. El concepto de "criogenización"

La criogenización, llamada también ultracongelación, se trata de un método de conservación en la que se produce una bajada de temperatura de forma muy rápida de los alimentos, con el objetivo de conservar los alimentos 100% naturales para su manipulación posterior.

Uno de los mayores desafíos de la industria alimentaria es la destrucción o eliminación de las bacterias y microbios en los alimentos. Para conseguir solucionar ese problema, la solución más efectiva está demostrada que es la congelación y la refrigeración de alimentos y, además, se ha convertido en el sistema elegido por la mayoría de las industrias del sector alimenticio.

La razón por la que la criogenización es un método de conservación tan eficaz es la siguiente: cuando la temperatura es inferior al punto de congelación, las bacterias y los microorganismos disminuyen su expansión y dejan al alimento casi natural y fresco.

Esto se debe a las bajas temperaturas y a que durante la criogenización se reduce la humedad y, por lo tanto, se elimina todo microorganismo que hay en el agua.

Sin embargo, se debe tener en cuenta la velocidad de la congelación, ya que determina la distribución y el tamaño de los cristales. Por lo tanto, si la velocidad de congelación es lenta, los cristales son grandes y se van a formar fuera de las células y a provocar la ruptura de la corteza celular. Por otro lado, si la velocidad de congelación es rápida, los cristales son pequeños y se encuentran en la superficie y, por lo tanto, los alimentos se conservan intactos con su frescor, textura y sabor.

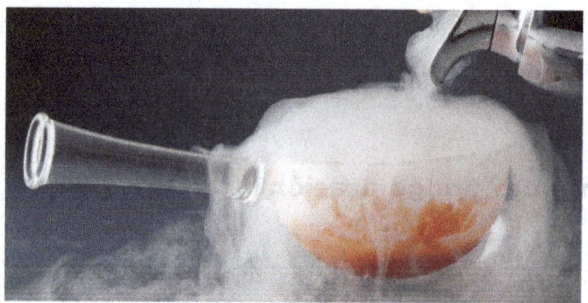

Fig. 21. Los platos presentados con nitrógeno líquido son un placer visual para la clientela

Resumiendo, la criogenización se trata de un método de congelación rápido que hace que las células de los productos estén intactas y, por lo tanto, los alimentos conservan su frescor y sabor.

2.2. Aplicación en las cocinas centrales

En la alta cocina la utilización del nitrógeno líquido es cada vez más habitual. Gracias a las propiedades de este gas criogénico y las bajas temperaturas existe la opción de freír en frío además de otras posibilidades como criogenizar alimentos o elaborar sorbetes.

A continuación, se enumeran algunas de las **técnicas culinarias en las que es posible la aplicación del nitrógeno líquido**:

- **Plancha fría**. Para ello es necesario una plancha fría. En la cavidad se coloca el nitrógeno líquido y a continuación, la superficie comienza a helarse. El alimento se coloca en la superficie congelada de la plancha, por lo tanto, hablamos de una aplicación indirecta.

- **Freír en frío**. Para llevar a cabo esta técnica es aconsejable utilizar mucho nitrógeno líquido. La técnica se lleva a través del contacto directo durante un tiempo.

- **Diluir en frío**. A través de esta técnica se puede diluir líquido y permite congelarlo hasta que tome forma sólida. La aplicación es directa y el líquido se mezcla con el nitrógeno al agitar de forma constante.

En lo que se refiere a las **medidas de seguridad**. El nitrógeno líquido es un líquido muy frío, -196 ºC. Si entra en contacto con los ojos o la piel puede provocar quemaduras graves por frío, por lo que es necesario mantener unas medidas de seguridad como el uso de guantes para la manipulación adecuada, el uso de una pantalla facial y las gafas de seguridad y así, proteger los ojos y cualquier zona de la cara de una posible salpicadura.

El nitrógeno líquido pasa del estado gaseoso al estado líquido, pero necesita una temperatura de -196 ºC. La aportación a la cocina es una cocción en frío y poder congelar la parte líquida de los ingredientes sin modificar el aroma y el sabor de los alimentos.

La aplicación más habitual en la cocina es en la elaboración de sorbetes y helados, aunque su utilización se ha perfeccionado en otras creaciones como las palomitas nitro de aceite de oliva de Dani García o el caviar de aceite de oliva de Paco Roncero.

El nitrógeno líquido modifica las texturas y crea esferas con cubiertas sólidas e interiores líquidos y además añade la espectacularidad de la presentación de los platos a la clientela, un plato creativo y espectacular que se convierte en una dimensión nueva en el menú gastronómico del restaurante. Un dato muy importante que destacar, esta técnica está solamente al alcance de los profesionales dado que hay que dominar su uso.

3. Aplicación del método de esferificación

En las últimas décadas se han incorporado a la cocina **nuevas recetas** elaboradas con nuevas técnicas culinarias como la gelificación, las espumas, los aires, la esferificación de alimentos o el nitrógeno líquido.

Desde hace ya varios años, muchos chefs, entre ellos Ferrán Adriá, han revolucionado la cocina con la imaginación y la creatividad. Se está asistiendo a un gran cambio dentro de la cocina tradicional mediante la incorporación de nuevas técnicas y la aplicación de la física y la química.

Sin embargo, el proceso comenzó hace años atrás, por medio de los científicos Hervé This y Nicholas Kurti que, en los años 60 del siglo pasado, trabajaron en la aplicación científica de estas técnicas con algunos productos y ambos lo denominaron como, **gastronomía molecular o cocina molecular**.

Fig. 22. Las esferas son servidas en cucharillas para evitar que se rompan

En lo que se refiere a la **esferificación**, se deriva de la justificación de buscar una forma de esfera, se trata de una técnica culinaria que se usa para lograr encapsular un producto alimentario líquido o una crema en una fina membrana con una textura muy similar a la gelatina. El resultado que se consigue es muy parecido a las huevas de pescado que se derriten en la boca cuando se rompe la fina membrana.

La esferificación sorprende mucho con las texturas a la clientela. Dentro de la esfera se pueden encontrar todo tipo de alimentos como cremas, zumos o vinos. A las esferas se les denomina caviar o perlas.

Fig. 23. Las esferas pequeñas son similares a las huevas de salmón o caviar

Asimismo, la esferificación se trata de una reacción natural que se produce al mezclar calcio con un alga que se llama **alginato**. Tiene su origen en zonas del Océano Índico donde viven estas algas. En la cocina, se experimentó y se consiguió provocar la reacción usando gluconolactato de calcio y alginato.

 Vocabulario

Gluconolactato: aditivo alimentario que se utiliza para incrementar la concentración de calcio en un alimento y que sabor.

La esferificación **puede ser:**

- **Clásica.** En la que se añade el alginato al ingrediente que se desea esferificar y a continuación se introduce un poco de esa mezcla en agua con cloruro cálcico.

- **Inversa.** Se trata de usar un líquido con calcio y después se introduce en una disolución de agua con el alginato.

Fig. 24. La esferificación inversa

Una vez realizada la esferificación, se recuperan las esferas mediante una **cucharilla con agujeros** pequeños a través de los cuales se debe colar el líquido en el que ha estado el alimento.

La **técnica de la esferificación** consiste en:

- Aplicar el lactato rico en cloruro cálcico sobre el ingrediente que se quiere encapsular.
- A continuación, se introduce en agua con alginato sódico
- Al depositar las gotitas del producto en el alginato por medio de una jeringuilla o de una pipeta, se obtienen esferas similares a huevas de esturión, aunque, se pueden conseguir de mayor tamaño.

Fig. 25. Se depositan las gotas en alginato por medio de una pipeta o jeringuilla

El proceso para realizar una **esferificación de aceitunas** es a la inversa. En primer lugar, se trituran las aceitunas usando una batidora o un robot de cocina. A continuación, se cuela el líquido y se añade el cloruro cálcico del 1% de proporción. El resultado de esa mezcla es el producto que se va a encapsular en la esferificación.

Asimismo, es recomendable preparar dos boles, uno con agua y alginato de sodio y otro solamente con agua con el objetivo de eliminar los restos de productos químicos antes de degustar las esferas.

Fig. 26. Esferas de diferentes sabores

Las esferificaciones de igual forma que otras técnicas innovadoras han surgido gracias a la unión de la cocina y la ciencia. La **esferificación como técnica culinaria** fue descubierta, desarrollada y patentada por el científico William J.M. Peschardt, quien consiguió encapsular zumos de frutas en gotas.

Al cabo de los años, sus esferificaciones se aplicaron a la industria alimentaria y, además, inspiró a otros profesionales a diseñar y desarrollar la **gastronomía molecular**, la cual fue propuesta por los científicos Nicholas Kurti y Hervé This. Ambos, aplicaron a la preparación de alimentos principios científicos. Siempre partieron de la base de que los alimentos eran compuestos orgánicos como lípidos, hidratos de carbono o proteínas, los cuales, sometidos a procesos, podían modificar las texturas de su estructura. Aunque las conclusiones de la gastronomía molecular no se dieron a conocer hasta casi la década de los 70. Por lo tanto, los chefs no comenzaron a utilizarla en los restaurantes hasta la década de los 90. Entre estos chefs destacan Ferrán Adriá y Pierre Gagnaire.

A continuación, se enumeran algunas **razones por las que esferificar en los restaurantes**:

- **Razón visual**. El plato resulta más atractivo. Por medio de esta técnica se consiguen resultados muy vistosos. En la gastronomía de vanguardia también se cuida la imagen del plato, por lo tanto, los restaurantes de vanguardia la usan.
- **Permite una amplia combinación**. Las esferas sirven para comer o para decorar o como guarnición.

- **Experiencia al paladar**. Al explotar sobre la lengua se transforma en una experiencia muy agradable para la clientela.

- **Fácil**. De entre todas las técnicas de cocina de vanguardia, esta es una de las menos complejas.

En cuanto a las **diferentes técnicas** de esferificaciones:

- **Directas**. Necesitan alginato, que se trata de un compuesto presente en las algas pardas. Se debe mezclar y batir los alimentos con el alginato para crear esferas. Aunque, hay algunas condiciones para que el proceso tenga éxito:

solamente vale con alimentos con pH neutro, no tampoco funciona con grasas ni alimentos lácteos.

- **Inversas**. Se utiliza también alginato. La diferencia es que esta funciona con todo tipo de líquidos. Asimismo, para equilibrar los líquidos se pueden usar diferentes productos como citrato sódico para la acidez y goma xantana para la viscosidad.

- **Con agar-agar**. Se trata de usar un gelificante vegetal, agar-agar, con el que se pueden crear las esferas de una forma muy fácil.

 **Vocabulario**

Goma xantana: es un espesante procedente de la fermentación del almidón de maíz que además, se usa como estabilizador de alimentos permitiendo crear espumas, emulsiones o helados.

Fig. 27. El agar-agar se utiliza para crear esferas de una forma muy sencilla

3.1. Fundamento de la técnica de esferificación

Como ya se ha mencionado anteriormente, la esferificación es una técnica culinaria muy usada por profesionales actuales entre los que se destacan los hermanos Adriá, Ferrán y Albert, es una técnica dentro que se encuentra en una categoría dentro de la cocina molecular. Se trata de presentar los alimentos en forma de esferas con líquido en el interior y con una textura blanda en el exterior, las cuales producen una agradable sensación en las personas cuando se introducen en la boca.

Fig. 28. La capa exterior es una fina membrana de gelatina

La capa exterior de la esfera se trata de una gelatina que se forma por la reacción de del alginato sódico y una solución rica en calcio. Estos dos compuestos cuando entran en contacto crean una fina capa de gelatina, pero resistente, con la cual se crean esferas de distintos tamaños. Suele ser muy habitual imitar la forma del caviar al hacer esferas del tamaño de las huevas de salmón.

Además, se pueden crear otras formas con **cualquier líquido**, salado o dulce siempre que el pH sea ácido, pero no menor de 3,8. La esfera creada va a ser lo suficientemente estable si se sumerge en otro líquido o en el aire. Solamente se debe manipular con cuidado para que no se rompa y se debe servir en una cucharilla.

Como hemos mencionado anteriormente, la esferificación se trata de una técnica de cocina creativa de vanguardia a través de la que se puede gelificar un líquido para darle forma de esferas. Esta técnica permite crear cápsulas de líquido de un determinado sabor que se encierra dentro de una capa fina de gelatina formando una esfera que cuando se introduce en la boca, explota y provoca una intensa irrupción del sabor.

La técnica es muy sencilla, solamente se debe tener a mano los elementos necesarios y seguir unas instrucciones.

A continuación, una lista con los **utensilios necesarios**:

- Cucharas para dosificar las esferas inversas.
- Una balanza de precisión para dosificar de forma correcta.
- Cuchara perforada de esferificación.
- Utensilio para dosificar la esferificación directa: la caviarera.
- Alginato.
- Cloruro cálcico.
- Xantana.
- Gluconolactato.

Fig. 29. El alginato es uno de los ingredientes para crear esferas

En lo que se refiere al agua, hay que destacar que se debe usar **agua con poco calcio**, ya que, si tiene mucho calcio, va a hacer reaccionar al alginato y no se va a producir la gelificación.

Dependiendo de cómo se utilice el calcio y el alginato, hay **dos tipos de esferificación**:

- **Esferificación directa**. Consiste en disolver el alginato en el líquido a esferificar y se dosifica en un baño de cloruro cálcico. El alginato gelifica, por lo que, al entrar en contacto con el alginato, empieza el proceso de gelificar desde el exterior hacia el interior. Por lo tanto, si se digiere la esfera recién hecha, el interior estará líquido, pero, al contrario, si se esperan diez minutos, va a estar totalmente gelificada. Si se quieren realizar gran cantidad de esferas, es aconsejable usar la caviarera, que dosifica unas 96 esferas por segundo.

- **Esferificación inversa**. Se trata de disolver gluconolactato en el líquido a esferificar y se dosifica en un baño de alginato. En esta técnica, el tiempo que está la esfera en el alginato va a determinar el grosor de la capa de gelatina del exterior. A continuación, se saca del alginato y se introduce en agua para eliminar los restos del alginato. Se pueden dosificar las esferas de una en una con una cuchara medidora del tamaño que se desee que sea la esfera. Si se desea conseguir una esfera más grande, se debe dejar más tiempo en alginato.

3.2. Aplicación en la hostelería

Hoy en día tenemos muchos programas de televisión dedicados a la cocina, en los que triunfan nuevas personas con originales formas de cocinar y recetas innovadoras. La cocina tradicional, la de generaciones de abuelos y abuelas, no se ha perdido, sigue en los hogares y en buena parte de los restaurantes. Muchas de las recetas tradicionales están incorporando novedades y se están convirtiendo, algunas de ellas, en platos de alta cocina.

Asimismo, es ya una costumbre compartir recetas de cocina y técnicas de cocina, las cuales hemos aprendido viendo programas de televisión sobre cocina, con la pareja o con amigos. Además, los libros sobre gastronomía se están convirtiendo en uno de los regalos más esperados en fechas señaladas.

Hoy en día, la cocina de vanguardia es cada vez más accesible, gracias a los programas de televisión y a los profesionales que nos muestran las técnicas culinarias de forma sencilla para poder realizarlas en los hogares.

Fig. 30. La esferificación es una experiencia muy gratificante para el paladar

Entre las técnicas más sencillas y atractivas para disfrutar y realizar en la cocina está la esferificación, una técnica usada por las grandes cocineras de todo el mundo. Esta técnica se encuentra dentro de la cocina molecular, la cual está muy de moda en nuestros días.

La esferificación consiste en crear esferas con una textura blanda en el exterior y que normalmente son líquidas en el interior. Existen varias formas de llevar a cabo esta técnica:

- **Esferificación básica o directa**. Se trata de mezclar el alimento con una solución de alginato y batir con una batidora eléctrica. El tamaño que se consigue es el de las huevas de salmón. De la mezcla conseguida, se utiliza una jeringuilla o una pipeta para verter las gotas en una mezcla de agua y cloruro de calcio. Después de unos dos minutos se retiran las gotas con una cuchara perforada y se pasan por agua para eliminar el sabor del cloruro.

Fig. 31. La esferificación es cada vez más utilizada en todos los restaurantes del mundo

- **Esferificación inversa**. Se crean esferas de mayor tamaño que al ser totalmente líquidas en su interior, provocando una explosión de sabor en la boca. Esta técnica se realiza con grasas, líquidos, ácidos o de elevada graduación alcohólica. Los alimentos ricos en calcio van a necesitar incorporar goma xantana que va a aumentar la viscosidad y facilita la esferificación. Cuando los alimentos son ácidos, como en el caso de algunas frutas, se necesita añadir citrato sódico para equilibrar el pH y que la técnica se realice de forma correcta.

Fig. 32. La gastronomía molecular supone una experiencia innovadora para la clientela

Para que la esferificación inversa tenga éxito los tiempos son muy importantes. Solamente se necesitan entre dos y tres minutos y se debe retirar la esfera y pasar por agua para eliminar el sabor del alginato.

4. Elaboración de espumas frías y calientes

Las **espumas y aires** forman parte de la llamada cocina molecular. Aunque parece que forman parte de una técnica de alta cocina, se pueden realizar con la batidora de mano también.

Se trata de emulsiones producidas entre un gas y un líquido usando como base un emulsionante y se monta con el sifón. El resultado que se obtiene es una mezcla de una textura muy similar a la mousse, aunque más ligera.

La primera persona que la realizó fue el chef Ferrán Adriá. Fue él el que introdujo la espuma en la alta cocina y amplió el uso del sifón que antes de esto solo se usaba para montar nata. La calidad de esta técnica culinaria está en que la persona degusta un enorme sabor sin casi experimentar ninguna textura en la boca.

En cuanto a **realizar espumas y aires**, en primer lugar, se necesita un líquido que va a ser la base, puede ser un caldo o un zumo, es decir, cualquier líquido con sabor fuerte vale porque así, el aire va a tener más aroma. Un dato muy importante que se debe tener en cuenta es colar muy bien el líquido para que no quede ninguna impureza.

En segundo lugar, se añade **lecitina de soja** que es un emulsionante que ayuda a estabilizar la estructura de la espuma y hace que aguante más.

Por último, si se va a usar la **batidora**, se debe utilizarla inclinada para que se introduzca aire. Por el contrario, si se utiliza un **sifón**, hay que introducir la mezcla en el sifón, meter la carga de gas, agitar bien el contenido y dejar reposar en el frigorífico unos 30 minutos.

Fig. 33. Las espumas proporcionan muchas oportunidades en la gastronomía

Cuando el sifón esté preparado se va a contar con una gran cantidad de posibilidades y recetas, desde espuma de fresas o de mango como complemento perfecto para ensaladas o un aire de curry.

Las espumas pueden realizarse calientes o frías que son las más comunes que difieren como veremos más adelantes en la forma de preparación.

El resultado del uso de esta técnica es un plato original y creativo en el que se consiguen texturas esponjosas muy parecidas a la mousse. La finalidad es que la persona que lo deguste sienta una explosión de sabor en la boca sin sentir el ingrediente consistente.

Fig. 34. Las espumas pueden realizarse calientes o frías

4.1. Concepto de "espuma"

La **espuma** se define como el agregado de burbujas que se forman en la superficie de la mayoría de los líquidos.

Más definiciones, por ejemplo, la parte de las impurezas y el jugo que arrojan ciertas sustancias al cocerse en el agua como el caldo.

La espuma fue una técnica creada por Ferrán Adriá y que puede ser caliente o fría. Se basa en el uso del sifón, aunque también, puede elaborarse mediante una batidora eléctrica. En principio consistía en realizar una textura muy similar a la mousse, pero más ligera y con un sabor muy intenso a partir de un líquido con gelatina. Con el paso de los años, se ha pasado a denominarse espuma a toda la elaboración que se realiza con un sifón a pesar de que se le añadan otros ingredientes como pueden ser la yema o clara del huevo.

Las espumas se pueden clasificar en **dos grupos**:

- **Dulce**. Generalmente fría y que se realiza a partir de gelatina o grasa.
- **Salada**. Caliente y se basa en la clara o fécula.

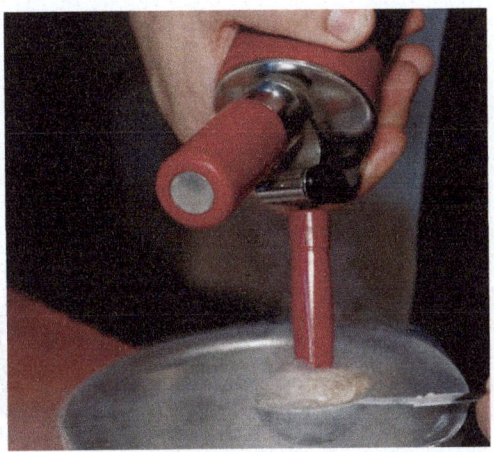

Fig. 35. El sifón permite elaborar espumas de una manera muy sencilla

A continuación, algunas características y usos de las espumas:

- **Sabor**. El sifón permite elaborar espumas con muchos ingredientes y dependiendo de cuál se use, va a resultar el sabor. Pueden utilizarse embutidos, frutos secos, infusiones, mermeladas, zumos, etc.

- **Densidad**. Va a depender del reposo, por ejemplo, espumas con grado mayor o menor de claras, grasa o gelatinas serán más espesas, líquidas o fluidas. En función del tiempo de reposo pueden ser mousse, crema o sopa.

- **Uso**. La versatilidad de las espumas ha facilitado su uso en cualquier elaboración comestible como aperitivo, cocktail, salsa o guarnición.

4.2. Sifón en la cocina

Las espumas y los aires se han convertido en uno de los recursos más usados en los platos de las cocinas más vanguardistas. Se trata de una manera de dotar a los alimentos de nuevas formas, sabores y texturas con el objetivo de que resulten más atractivos al gusto y a la vista de las personas. Para conseguir esto, es necesario usar un sifón, se trata de una herramienta con la que se logran unos resultados espectaculares.

Fig. 36. Las espumas frías se usan generalmente para elaborar postres

El **sifón de cocina** fue creado por el famoso chef Ferrán Adriá en 1994. A partir de esa fecha, se ha erigido como un símbolo de la cocina contemporánea y de la gastronomía molecular. El sifón permite crear aires o espumas que son similares a las salsas, pero con una textura más ligera. Además, se pueden realizar espumas frías o calientes.

En el mercado existen básicamente dos tipos de sifones en cuanto a los materiales se refieren:

De aluminio: más ligeros y económicos, pero poco resistentes. Se usa sobre todo en la cocina amateur.

De acero inoxidable: tienen una mayor calidad, son más duraderos y versátiles, ya que se puede usar tanto para frío como para calor.

En cuanto a la **anatomía del sifón** en sí, podemos distinguir varias partes cuyo conocimiento resultará fundamental para el correcto funcionamiento de este. Estas son las siguientes:

- Cabeza del sifón.
- Contenedor o recipiente.
- Depósito de las cargas.
- Boquillas del sifón.

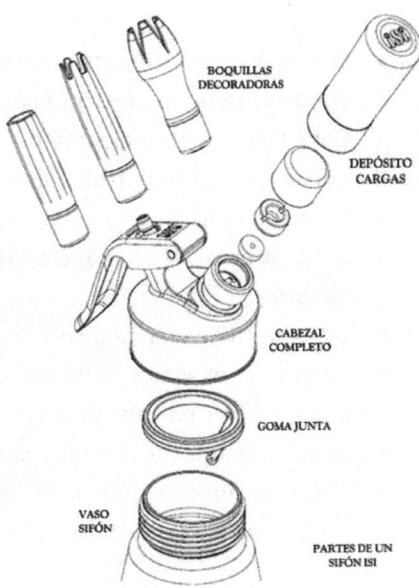

Fig. 37. Partes de un sifón

Para que consiga funcionar, el sifón de cocina, y llevar a cabo esta técnica, es indispensable crear una emulsión de gas con una base que puede ser gelatina.

La carga de óxido de nitrógeno, conocido como N2O, permite llevarlo a cabo. La carga se introduce en la recámara del sifón y una vez que la tapa esté colocada adecuadamente, el gas se libera y se produce el sifón.

Por último, se deben tomar algunas precauciones como antes de abrir el sifón, hay que asegurarse de que esté vacío, de lo contrario podría explotar.

4.3. Uso del sifón de espumas

A pesar de que en la actualidad es una herramienta que se emplea en la alta cocina, no significa que sea exclusiva de los profesionales más vanguardistas.

Para poder usar el sifón, solamente se necesita seguir los siguientes pasos:

- Disponer de un sifón de cocina cuyo tapón no sea de plástico, ya que este no puede soportar la presión, podría salir disparado y causar lesiones y heridas.
- Batir bien los ingredientes de la base y pasarlos por un colador para que no quede ninguna impureza antes de introducirlos en el sifón.
- No sobrepasar la cantidad de líquido que marca el aparato.
- Si se desea realizar un aire o espuma fría, se debe introducir en la nevera un par de horas.
- Introducir la carga de óxido de nitrógeno en la recámara y agitar la mezcla.
- Colocar en el sifón la boquilla deseada dependiendo de la textura que se quiera crear y poner en vertical sobre el recipiente que se vaya a servir.
- Si la textura es muy líquida, se debe agitar más.
- Antes de abrir el sifón para limpiarlo, hay que asegurarse de que está vacío porque podría explotar.

4.4. Aplicación del sifón

Por medio del sifón de cocina y sus funciones, se pueden elaborar diferentes tipos de recetas.

La principal creación son las espumas que pueden ser saladas, dulces, calientes o frías. Solamente se deben escoger los ingredientes y la base de la textura. Si se elige elaborar espumas frías, se deben usar la gelatina, la nata o la leche. Por el contrario, si se opta por una caliente, solamente pueden usarse féculas como el almidón o las claras de huevo.

A continuación, algunas peculiaridades de la preparación y resultado de elaborar espumas con el sifón de cocina:

- Al utilizar **nata o leche** se crea una crema que termina por convertirse en una textura cremosa muy parecida a una mousse, más densa que la mousse, pero con un resultado más vistoso.

- Cuando se utiliza la **gelatina**, la espuma es ligera y destaca mucho el sabor del ingrediente de la base.

- Cuando se usa **fécula como el almidón**, se deben triturar muy bien los ingredientes en un robot de cocina. Por lo que va a dar como resultado una fina crema que va a salir de forma muy fácil por el sifón al mezclarse con las cargas de gas.
- Al utilizar las **claras de huevo** y si se desea realizar una espuma caliente, hay que controlar la temperatura para que no supere los 60ºC. Basta con mantenerla caliente en el baño maría. Si se elige realizar espumas frías, se van a conseguir resultados rápidos.

4.5. Recetas con espumas frías

A continuación, algunas recetas con espumas frías elaboradas con el sifón.

A. Mousse de chocolate blanco con fresas

En primer lugar, los ingredientes son:

- Unos 200 gr de fresas.
- 150 gr de chocolate blanco.
- 2 cucharadas de leche.
- 200 ml de nata líquida para montar.

El tiempo de preparación son 5 minutos, aunque el reposo aconsejado es de 5 horas. Los ingredientes son para 4 personas.

Las instrucciones del proceso paso a paso son las siguientes:

1. Lavar y cortar las fresas.
2. Dividir el chocolate blanco en onzas.
3. Colocar las onzas de chocolate y dos cucharadas de leche en un bol.
4. Poner el bol en el microondas para derretir la mezcla.
5. Por otro lado, triturar las fresas.
6. Añadir el chocolate blanco en la batidora con las fresas hasta obtener una mezcla sin trozos de fresas y chocolate. Si quedan restos de fruta o chocolate, se puede utilizar un colador.
7. Añadir la nata sin montar y mezclar con una varilla.
8. Introducir toda la mezcla en el sifón y cerrar.
9. Colocar el gas en el sifón y agitar.
10. Colocar en la nevera tumbado y dejar reposar durante 5 horas.
11. Agitar el sifón varias veces antes de servir para asegurarse de que la mousse esté espumosa.

El resultado es un postre muy sabroso, sin azúcar y sencillo de preparar. No va a ser necesario usar placas de gelatina, ni batir la clara de huevo para obtener la consistencia deseada. El sifón va a ahorrar tiempo y energía.

B. Mousse de aguacate

Muchas veces tenemos en casa productos que están muy maduros, como en este caso los aguacates y no sabemos qué hacer con ellos. A continuación, se ofrece una idea con la que se puede experimentar y descubrir sabores nuevos de la mezcla de aguacate, chocolate y yogur. Es una receta que se puede realizar con o sin sifón de cocina.

Fig. 38. Espuma de aguacate como guarnición para platos de carne

En primer lugar, los ingredientes que se necesitan:

- Un par de aguacates maduros.
- Un yogur natural.
- 6 cucharadas de leche condensada.
- 2 huevos.
- Un puñado de pepitas de chocolate.

El tiempo de preparación es de 15 minutos. Los ingredientes arriba especificados son para cuatro personas.

Instrucciones del proceso paso a paso:

1. Abrir los dos aguacates y meter la carne en un recipiente.
2. Añadir la leche condensada y el yogur.
3. Añadir las yemas de huevo al recipiente.
4. Batir los ingredientes con una batidora hasta conseguir una mezcla homogénea.
5. A continuación, batir las claras a punto de nieve.
6. Añadir las claras a punto de nieve a la mezcla recién licuada.
7. Realizar emulsiones con una varilla.

8. Una vez que esté todo mezclado y se tenga una textura de mousse se pueden añadir las pepitas de chocolate al gusto.

9. Por último, en el caso de que se realice con el sifón de cocina, solamente hay que batir los aguacates, el yogur, los huevos y la leche condensada e introducir la mezcla en el sifón. A continuación, cerrar el sifón, colocar el cartucho de gas, agitar y dejar reposar en la nevera durante un par de horas. Antes de servir, se debe agitar el sifón para que la mousse quede espumosa.

Recuerda

Recuerda que la principal diferencia en la elaboración de espumas frías y calientes es la elección del emulsionante.

4.6. Recetas con espumas calientes

A continuación, se enumeran algunas recetas con espumas calientes, en este caso las recetas están dedicadas a un plato tradicional como son las torrijas. En todas las casas quedan trozos de pan que han sobrado de la comida o la cena, por lo que, con ese pan se pueden realizar varios postres con un sifón de cocina.

A. Mousse de torrijas caseras

El resultado de esta receta recuerda al sabor de la leche merengada, aunque con una textura más cremosa.

A continuación, los ingredientes para la receta son:

- 4 rebanadas de pan.
- Unos 200 ml de nata líquida.
- 250 ml de leche.
- Azúcar.

- Piel de limón.
- Canela molida.

El tiempo de preparación son alrededor de 10 minutos, aunque el tiempo de reposo es de mínimo dos horas. Los ingredientes arriba citados son para 4 personas. Los utensilios necesarios son una batidora, un sifón de cocina y una olla pequeña.

El procedimiento para elaborar la mousse de torrijas caseras es el siguiente:

1. Preparar en la olla la leche, el azúcar y la canela.
2. Rallar la piel de limón y añadirla a la olla junto al resto de ingredientes.
3. Calentar a fuego medio-alto y remover hasta lograr que el azúcar se disuelva.
4. Trocear el pan y dejarlo en remojo en la mezcla hasta que absorba la mayor cantidad de leche posible.
5. Colocar el pan con leche en un recipiente para batir o en robot de cocina y triturar hasta que se consiga una mezcla homogénea.
6. Añadir la nata para montar y mezclar con los demás ingredientes.
7. Introducir la mezcla en el sifón de cocina, añadir la carga de gas, agitar y dejar reposar en la nevera al menos dos horas.
8. Sírvelas donde más te guste.

B. Espuma de patata

En cuanto a los ingredientes para realizar la espuma de patata:

- 3 patatas de tamaño mediano.
- Medio litro de aceite de girasol.

Fig. 39. La espuma de patatas es muy sencilla de elaborar

Para realizar la espuma de patata se siguen los siguientes pasos:

1. Limpiar y pelar las patatas.
2. Cortar las patatas.
3. Confitar las patatas en el aceite.
4. Triturar las patatas hasta conseguir una crema ligera y pasarla por el colador para que no tenga ningún grumo.
5. Introducir la crema en el sifón, colocar una carga de gas y dejar reposar.
6. Servir.

C. Espuma de setas con sifón

Una espuma de setas que puede utilizarse casi en cualquier receta y con multitud de productos. Aunque es especialmente sabrosa con carne de vaca o se puede usar para guisos como las lentejas estofadas.

La receta que se explica a continuación tiene un tiempo de preparación de 30 minutos y es de acompañamiento. En cuanto a los ingredientes que se necesitan:

- 300 gramos de setas.
- 2 dientes de ajo.
- Perejil.

- Aceite de oliva.
- Caldo de Verdura.
- Nata líquida.
- Sal y pimienta.

El procedimiento para elaborar la espuma de setas con sifón es el siguiente:

1. Limpiar y trocear las setas.
2. Trocear los ajos.
3. Freír las setas junto con los ajos con aceite de oliva, sal y pimienta.
4. Añadir el caldo de verduras y dejar cocer durante 5 minutos.
5. Triturar la mezcla, añadir la nata y triturar hasta que no queden grumos.
6. Colocar la mezcla en el sifón, después de colar la mezcla.
7. Colocar la carga de sifón y agitar.
8. Servir al instante o mantener caliente al baño maría.

5. Planificación y organización de la cocina

5.1. Análisis y características de los establecimientos de restauración

Como hemos introducido anteriormente, para que un restaurante funcione todo debe estar bien organizado. A continuación, veremos algunos elementos que, de forma general, se deben tener en cuenta para mejorar el rendimiento del negocio:

- **Etiquetar todo**. Se debe agrupar los alimentos por tipos y categorías para poder encontrarlos fácilmente. Además, hay que organizar los alimentos del frigorífico, colocar etiquetas en los cajones, en la despensa, en las cámaras de refrigeración y congelación.

- **El personal del restaurante**. Deben conocer las tareas asignadas a realizar. Cuando las personas saben cuáles son sus tareas, se trabaja mejor. Cabe mencionar que un espacio de trabajo en armonía se refleja en los platos que se ofrecen a la clientela.

Fig. 40. Todo el personal debe tener asignada una tarea para realizar

- **Ahorrar energía**. Lo recomendable es organizar los equipos de forma inteligente, la zona de calor debe estar alejada de la zona fría.

- **Organización de utensilios**. Es necesario tener una organización de la cocina hasta el mínimo detalle. Todos los utensilios y herramientas deben estar en el lugar adecuado para no perder tiempo en buscarlos.

- **Dividir la cocina en zonas**. Zona de acceso, zona dulce, zona seca, zona fría, etc.

- **Limpieza y desinfección.** Lavarse las manos frecuentemente, uso de equipos de protección, etc.

La sistematización del trabajo es importante para conseguir una excelente **organización en la cocina del restaurante**. A continuación, además de los elementos generales vistos anteriormente, se enumeran unos puntos clave para conseguir organizar correctamente la cocina:

- **Organización de las zonas de trabajo**. La organización y la estructura de la cocina y del restaurante deben estar concebidas de tal manera que no haya cruces de contaminación entre el sector sucio y el sector limpio. La zona de limpieza debe estar separada del resto dado que en ella están los productos de limpieza y estos no se deben mezclar con la zona de tratamiento de alimentos.

Fig. 40. La dimensión de la cocina es un elemento a tener en cuenta ya que puede ayudar a trabajar mejor y de manera más eficaz

Otro factor a tener en cuenta es la dimensión de los espacios de acuerdo al número de las personas que transitan, ya que ayuda a mejorar la eficacia. Es necesario realizar un estudio de la ventilación, la iluminación y los materiales, así como la organización de los electrodomésticos.

- **Distribución del tiempo**. Asignar un tiempo a cada tarea de trabajo y racionalizar las horas de trabajo influye directamente en el ritmo de trabajo y su eficacia. De tal forma que:
  - o El personal debe llegar con antelación al puesto de trabajo.
  - o Se debe predecir el tiempo que necesita la cocina y el personal para que todo esté preparado antes de que llegue la clientela.
  - o Se deben realizar las tareas de cristalería, cubiertos, manteles antes de que llegue la clientela.
  - o Es fundamental estudiar las rutinas del negocio y saber cómo rentabilizar el tiempo.

- **Mantenimiento de las zonas de trabajo limpias y organizadas**. Cada persona en cocina debe ser responsable de la limpieza de su zona de trabajo. Además, son necesarias las limpiezas semanales y mensuales en profundidad y los tratamientos específicos de control de plagas.

Fig. 41. La limpieza y la higiene son esenciales en los lugares de trabajo

- **Distribución y organización de los espacios de almacenamiento**. El tamaño de almacenes y despensas depende de las necesidades de cada restaurante.

  Los alimentos deben estar organizados por temperaturas: frutas, pescados, carnes o lácteos con el objetivo de tenerlos bien organizados y localizados.

  En la despensa se debe seguir una organización similar, en las baldas de abajo las cosas grandes y en las baldas superiores las cosas más pequeñas. Sin olvidar también la necesidad de hacer inventarios de vez en cuando que ayudan a tener un control de las existencias.

- **Ordenación de los productos según la fecha de entrada**. Lo que primero entra en la cocina, primero sale. Es una forma para que los productos circulen y no se caduquen. Por lo tanto, es necesario etiquetar los productos con la fecha de entrada y marcar una fecha límite para su consumo.

Fig. 42. Una opción de cómo organizar los alimentos en el almacén

- **Disponer de las herramientas ordenadas y en perfecto estado**. Las herramientas e instrumentos deben estar cerca de la zona a trabajar.

  Las cazuelas y sartenes en la zona caliente mientras que los moldes o la batidora en la zona fría.

  Las personas en cocina deben tener asignada una zona de trabajo con todo el material ordenado y cada vez que se use una herramienta, se debe colocar en su sitio otra vez y en perfecto estado.

- **Realizar fichas**. Todos los platos de la carta deben tener su receta para que cada persona pueda llevarla a cabo sin problemas y siempre salga igual.

- **Gestión de alimentos y residuos**. Antes de echar algo a la basura se debe pensar si se puede reutilizar. Existe la posibilidad de convertir los desperdicios orgánicos en compost.

Código internacional de gestión de los residuos		
1	Rojo	Riesgo biológico
2	Naranja	Orgánicos
3	Amarillo	Plásticos y latas
4	Verde	Vidrio
5	Azul	Papel y cartón
6	Violeta	Baterías y aerosoles

- **Elección del personal adecuado**. Además de publicar una oferta de empleo se deben especificar las tareas de esa oferta de empleo porque no es lo mismo un camarero para el bar que una camarera de sala.

- **Formar al personal**. Si no hay comunicación, no hay organización. Es necesario informar al personal de los objetivos y los mecanismos del restaurante. Es aconsejable organizar reuniones semanales con el personal para mejorar los aspectos y tener una reunión cada día antes de que comience el servicio.

Fig. 43. Con los restos orgánicos se puede realizar compost

Como hemos visto, la organización del espacio, el orden de las zonas y el correcto almacenamiento es fundamental en las cocinas profesionales.

El servicio de comidas y el de cenas pueden llegar a ser muy estresantes sobre todo si se trata de un número muy elevado de clientes. Por lo tanto, la organización de la cocina es vital para lograr la máxima eficacia, optimizar el tiempo y el trabajo y conseguir la satisfacción de la clientela.

Hasta ahora hemos visto aspectos generales a tener en cuenta en un establecimiento de restauración, así como las características específicas de una cocina profesional en lo referente a la organización para lograr una mayor eficacia y dar un servicio excelente.

A continuación, profundizaremos más algunos consejos para organizar una cocina profesional por zonas:

- **Zona de acceso**. Es aconsejable tener una zona especial para la desinfección del personal en la entrada a la cocina. El personal va a disponer de guantes, desinfectantes y cubrezapatos, además del equipo de protección de ropa y mascarilla.

- **Zona de entrega**. Si el restaurante tiene servicio de entrega a domicilio, es necesario establecer sistemas de priorización de pedidos y zona para envasar. Una idea es dividir al equipo de cocina entre las personas que se encargan de los pedidos y las que se encargan de preparar la comida para la sala.

- **Zona de frío**. Zona cercana a los frigoríficos, neveras y cámaras y donde se realizan los platos fríos.

- **Zona de calor**. En esta zona se crean los platos calientes.

- **Zona dulce**. Sección donde se elaboran los postres. Aquí se encuentran las batidoras, las varillas, mezcladoras, boles y bandejas para hornear.

- **Zona de lavado**. Lo ideal es que se encuentre lejos de las zonas caliente y fría. Aquí se debe colocar cestos de basura y productos de limpieza.

- **Zona de montaje**. Medio camino entre el salón y la cocina, en la que se prepara el emplatado con los platos finales.

- **Zona de almacenamiento de comida**. Armarios o muebles con baldas donde los alimentos deben estar colocados por tipo, con etiquetas y fechas de elaboración.

Fig. 44. Zona de montaje y emplatado en un restaurante

5.2. Planificación de las actividades de alimentos y bebidas

A continuación, de forma más específica vamos a analizar por qué la organización del almacén en los establecimientos hosteleros es muy importante. Existen varias razones por las cuales es necesaria esa organización:

- Reduce el desperdicio.
- Mejorar la eficacia.
- Reducción de pérdidas de alimentos o bebidas por fecha de caducidad.
- Mayor control de stocks.
- Reposición más sencilla de productos.

Para organizar adecuada del almacén de un restaurante, se deben seguir unas pautas, como son:

- **Diseñar un plano del almacén del restaurante**. Se deben de establecer las áreas, espacios y elementos del mismo. Se debe indicar la posición de las estanterías, congelador, cámaras frigoríficas y señalar la entrada del almacén. Se debe señalizar o etiquetar cada zona para poder identificarla.

- **Organizar y clasificar cada zona según las categorías de los productos**. Hay que respetar la conservación de cada alimento. Es muy importante evitar poner en la misma zona los productos de limpieza junto con los alimentos.

Tampoco se deben colocar juntos los perecederos con lo que no lo son. Los productos con vida útil larga y sin necesidad de condiciones especiales de conservación deben almacenarse en zonas secas y bien ventiladas.

Anotación

Cada restaurante tiene una manera distinta de organizar el material y mobiliario.

Fig. 45. Organización y almacenamiento de alimentos en conserva en lugares secos

Los productos menos pesados deben colocarse en las baldas de arriba y los más pesados, en las de abajo. También es conveniente disponer de una zona específica para almacenar y conservar el vino. En cuanto a los productos refrigerados, deben ir en la cámara y las baldas deben cumplir unas normas higiénicas.

- **Almacenar según categorías**. Otro consejo es etiquetar todo en la parte delantera y almacenar los productos según categoría: especias, conservas de verduras, alimentos para hornear, productos de limpieza, etc.

- **Disponer de una zona de productos de alta rotación**. Se refiere a los productos que se emplean más frecuentemente como servilletas o condimentos.

- **Mantener el almacén limpio**. Tienen mucha importancia la limpieza, la ventilación y la ordenación. El almacén debe disponer de paredes alicatadas hasta el techo, de suelos antideslizantes y puertas que permitan el paso de grandes volúmenes de mercancías. No obstante, es importante evitar que los alimentos estén directamente en contacto con el suelo.

Fig. 9. Mantener los alimentos etiquetados y en lugares limpios

5.3. Gestión y control de almacenes de alimentos y bebidas

La comida que se sirve en un restaurante refleja lo que pasa en la cocina y por lo tanto, se deben cuidar todos los detalles que suceden en la cocina. Mantener el orden y la limpieza, organizar los espacios y definir los roles son elementos que evitan errores y accidentes, optimizan tiempos, contribuyen a un mejor clima laboral y el trabajo en equipo mejora.

A continuación, algunas pautas para mantener el orden y la organización en el restaurante en un corto periodo de tiempo:

A. Equipamiento y organización

A la hora de seleccionar el personal hay que tener en cuenta el tamaño y el tipo de negocio.

La persona encargada de los quehaceres diarios y de que las cosas marchen es el chef ejecutivo, la cocina está a su cargo y entre sus tareas se nombran la de liderar al resto, realizar los pedidos, crear menús basados, optimizar las recetas, experimentar con las porciones y el emplatado necesario. Dentro de un restaurante encontramos también a un cocinero y a su ayudante.

En lo que se refiere al equipamiento, este varía según el volumen y el tipo de negocio. Se puede dividir el equipamiento en varias categorías: preparación, cocción, distribución, refrigeración, lavado de vajilla, equipo de procesado y extracción.

B. Claves para organizar la cocina

Se deben establecer unas reglas básicas en la cocina para evitar accidentes o errores. La organización debe ser simple.

- o **Establecer las áreas de trabajo**. Cada tarea debe contar con una zona asignada. El personal debe tener su rol que va a ahorrar traslados y movimientos innecesarios y evitará la contaminación cruzada.
- o **Definir un lugar para cada material y elemento**. Cada cosa debe estar en su sitio, esto es una norma vital en la organización de la cocina. Tanto los utensilios como los equipamientos deben estar en el lugar adecuado, ya que es más sencillo mantener una organización y un orden, se ahorra tiempo al buscar productos, se reduce el margen de accidentes, se sabe cuándo un producto está terminado y así reemplazarlo.
- o **Ordenar los alimentos por la fecha de vencimiento**. Se trata de usar primero el producto que se caduca antes y es fundamental para evitar pérdidas de dinero.
- o **Realizar una revisión frecuente del stock**. Es necesario llevar una lista actualizada de los productos en el almacén y así prever las posibles ventas.
- o **Seguridad**. Se debe prever cualquier tipo de accidente, por lo tanto, la organización es vital para evitarlos.

Fig. 47. Errores comunes a la hora de almacenar alimentos que causan contaminación

Algunos de los errores más comunes que se producen a la hora de organizar la cocina:

- **Subestimar la contaminación cruzada**. Es importante diferenciar los utensilios que se usan para manipular los diferentes tipos de alimentos como carnes crudas o carnes cocinadas y de esta manera, se evita la contaminación cruzada.
- **Ordenar los productos sin prestar atención a la frecuencia de uso**. Los ingredientes que se usen con más frecuencia deben estar a la vista.
- **No establecer roles y responsabilidades claras**. Es un error muy frecuente en cualquier cocina de un restaurante. Se deben de asignar las tareas claras y definir las responsabilidades.

6. Gestión de la seguridad alimentaria

Todos los alimentos son susceptibles de ser contaminados. Entre los que tienen más riesgo destacan los huevos, los quesos, las carnes rojas, los productos lácteos o pescados y mariscos crudos.

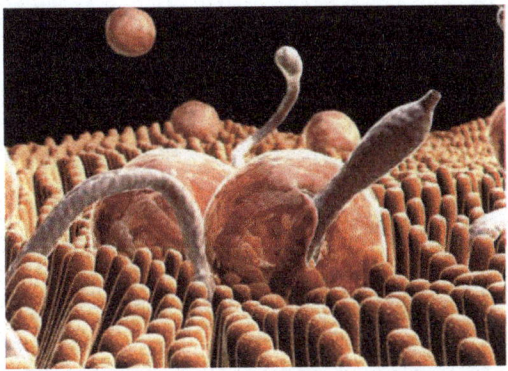

Fig. 48. Los parásitos en los alimentos son más comunes de lo que pensamos

Asimismo, las prácticas inadecuadas de seguridad pueden provocar enfermedades alimentarias. Los síntomas de las enfermedades alimentarias varían, aunque normalmente incluyen problemas estomacales. En algunos casos pueden llegar a ser graves o mortales como en el caso de las personas mayores, mujeres embarazadas o personas con sistema inmunitario debilitado.

A continuación, algunos **consejos a la hora de manipular alimentos**:

- Usar guantes.
- Lavarse las manos.
- Lavar todos los utensilios con agua caliente y jabón antes de la preparación de un alimento.
- Separar los diferentes tipos de carnes durante la preparación.

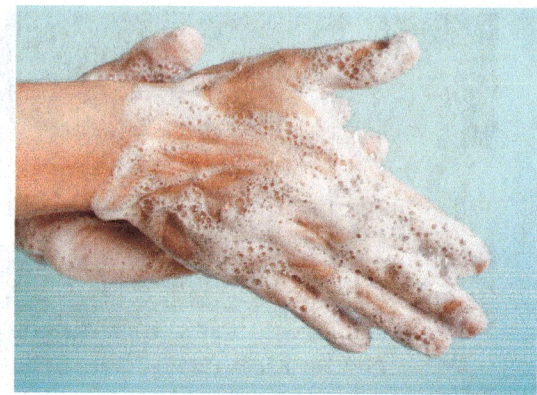

Fig. 49. Una de las normas básicas antes de la manipulación de alimentos es el lavado de manos

Además, para **minimizar el riesgo de intoxicación alimentaria** se debe:

- Cocinar los alimentos a la temperatura adecuada. Se debe comprobar la temperatura con un termómetro siempre en el punto más interno y no en la superficie. Por ejemplo, las aves de corral deben cocinarse a una temperatura interna de 165ºC, los mariscos a 145 ºC y los huevos deben tener la clara y la yema firme.
- Congelar o colocar en el frigorífico los alimentos inmediatamente. Se debe hacer la compra de alimentos justo antes de llegar a casa y colocarlos rápidamente en el frigorífico.
- Descongelar los alimentos en el frigorífico o debajo del agua fría, no se debe descongelar a temperatura ambiente.
- Los alimentos sobrantes guardarlos con la fecha en la que fueron cocinados.
- No se debe eliminar las partes de moho de los alimentos y cocinar el resto.
- No se deben comprar alimentos pasados de fecha o latas con abolladuras. No utilizar alimentos que tengan un olor inusual.
- Preparar los alimentos en casa con las mejores condiciones de seguridad e higiene.

Fig. 50. La congelación y descongelación son procesos muy importantes en la conservación de los alimentos

La seguridad alimentaria se asienta en tres pilares fundamentales que son:

- La disponibilidad de alimentos.
- El acceso de las personas a los alimentos.
- El consumo nutricional adecuado.

No obstante, existen algunas amenazas que ponen en peligro el acceso a los alimentos como son el cambio climático o la degradación de los suelos.

Por lo tanto, el acceso a una alimentación nutritiva y saludable es uno de los objetivos del desarrollo sostenible. La Organización de las Naciones Unidas (ONU) establece unos objetivos de desarrollo sostenible como la lucha contra el hambre y la desnutrición, sobre todo la que afecta a la infancia, y destaca la importancia de la agricultura sostenible.

Fig. 51. Una dieta equilibrada es fundamental para conseguir valores nutricionales adecuados

El concepto de seguridad alimentaria surge en la década de los 70. Según la Organización de las Naciones Unidas para la Alimentación y la Agricultura (FAO), la seguridad alimentaria "se da cuando todas las personas tienen acceso físico, social y económico permanente a alimentos seguros, nutritivos y en cantidad suficiente para satisfacer sus requerimientos nutricionales y preferencias alimentarias, y así poder llevar una vida activa y saludable".

Según un informe de la FAO, sobre la seguridad alimentaria y la nutrición en el mundo, se cree que alrededor de 2 mil millones de personas en el mundo sufren alguna inseguridad alimentaria, incluida Europa y América del Norte.

A continuación, los fundamentos que permiten establecer los niveles de seguridad alimentaria:

- **Disponibilidad**. Se refiere al almacenamiento, a la producción y las importaciones.
- **Estabilidad**. Para conseguir una estabilidad alimentaria es fundamental un adecuado almacenamiento de alimentos.
- **Accesibilidad**. La no accesibilidad a los alimentos puede ser por cuestiones socioeconómicas como precios elevados o falta de recursos monetarios.

- **Consumo**. El consumo de alimentos debe regirse por las necesidades nutricionales y los gustos alimentarios.

Fig. 52. Todavía hoy en día hay muchas personas con carencias nutricionales

Para seguir destacando el trabajo que se realiza para intentar erradicar el hambre en el mundo y promocionar la salud, cada 7 de junio se celebra el Día Mundial de la Inocuidad de los Alimentos, cuyo objetivo es motivar y crear actuaciones para gestionar y prevenir enfermedades y riesgos provocados por los alimentos contribuyendo de esta manera a la salud humana, la prosperidad económica, el turismo y el desarrollo sostenible, entre otros.

A continuación, se enumeran algunas maneras para conseguir una mejor inocuidad alimentaria:

- **Garantizar que los alimentos sean inocuos**. Esta labor es competencia de los gobiernos nacionales. Según el Banco Mundial, los alimentos en malas condiciones cuestan unos 95 mil millones de dólares en pérdidas de productividad cada año. Por lo tanto, para reducir este gasto, los profesionales han formulado políticas para fomentar la agricultura sostenible, etc. Además, se deben cumplir las normas internacionales que han sido establecidas por la Comisión del Codex Alimentarius.

- **Producir alimentos de forma inocua.** Minimizar el impacto ambiental y adaptarse al cambio climático, los productores de alimentos tienen que adoptar buenas prácticas.

- **Mantener los alimentos inocuos.** Esto es competencia de los responsables de las empresas que deben realizar controles de prevención para evitar problemas de alimentación. Todas las personas que integran las actividades alimentarias desde el procesado hasta la venta deben asegurar el cumplimiento de controles, sistemas de análisis de peligros y riesgos con el objetivo de minimizar las enfermedades alimenticias, ayudar a los alimentos a conservar el valor nutritivo o reducir pérdidas postcosecha.

- **Verificar que los alimentos sean inocuos.** Las personas necesitan información clara y fiable acerca de los alimentos, los riesgos nutricionales y sanitarios de estos. Se debe educar e informar a las personas sobre la inocuidad de los alimentos y de la reducción de enfermedades que se transmiten por los alimentos. Debe existir la posibilidad a las personas de elegir alimentos saludables.

- **Trabajar por la inocuidad.** Asimismo, la seguridad alimentaria es una responsabilidad compartida entre gobiernos, organizaciones de las Naciones Unidas, organismos de desarrollo, organizaciones comerciales, consumidores, etc. La cooperación a nivel mundial, regional y local es necesaria.

6.1. Manipulación de alimentos

Según la Organización Mundial de la Salud, "el concepto de manipulación de alimentos hace referencia a la inocuidad de los alimentos. El concepto de manipulación de los alimentos se engloba en un conjunto de prácticas a seguir para eliminar cualquier elemento lesivo para la salud pública".

Según esta organización, "los alimentos categorizados como insalubres que contienen bacterias, virus, parásitos o sustancias químicas nocivas causan más de 200 enfermedades entre las que están la diarrea o incluso el cáncer".

Fig. 53. Una correcta manipulación de alimentos es fundamental para evitar la contaminación

Siguiendo lo dicho por la Organización Mundial de la Salud, las bacterias que se derivan de una manipulación inadecuada son las siguientes: salmonella, la listeria, la infección por Vibrio Cholerae. No obstante, a pesar de existir muchas más bacterias, estas son las que tienen un comportamiento de propagación más elevado. Además, hay que añadir parásitos o virus.

Por lo tanto, es muy importante una correcta manipulación de alimentos. Existen dos categorías de profesionales que realizan su trabajo en el área de la manipulación de alimentos:

- **Profesionales manipuladores de alto riesgo.** Se refiere a las personas que tienen contacto directo con los alimentos. También las personas que intervienen en la elaboración de alimentos.

- **Profesionales manipuladores de bajo riesgo**. Se trata de las personas que tienen contacto con alimentos que van a ser elaborados antes de llegar al consumidor.

Además de la correcta manipulación de alimentos, es de vital importancia la higiene alimentaria, es decir, todo lo relacionado con los protocolos y las normas para evitar la contaminación de los alimentos.

Asimismo, las nuevas tecnologías han ayudado en la mejora de la manipulación de alimentos, por ejemplo, en el desarrollo de instrumentos como los esterilizadores de los utensilios de cocina.

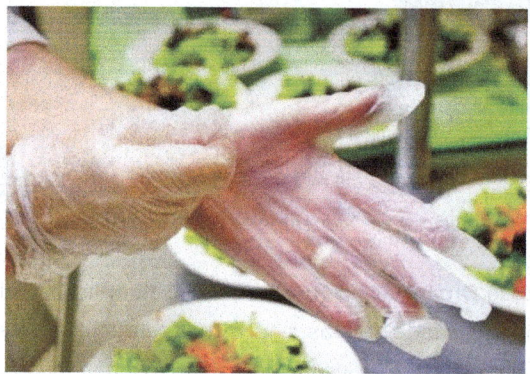

Fig. 54. El uso de guantes es vital para una correcta manipulación de alimentos

A continuación, se enumeran algunos consejos para garantizar una correcta manipulación de los alimentos:

- Lavado de manos obligatorio.
- No estornudar o toser sobre la comida.
- Higiene de todos los utensilios que se utilizan en el proceso de manipulación.

Asimismo, lo normal es que el profesional conozca todas las normas básicas de higiene, sepa todas las intoxicaciones alimentarias que puedan surgir, conozca el uso correcto de las herramientas como las cámaras de congelación y refrigeración.

legislación

Real Decreto 202/2000, de 11 de febrero, por el que se establecen las normas relativas a los manipuladores de alimentos.

6.2. Sistemas de autocontrol

En el proceso de elaboración de alimentos y bebidas se establecen unos controles según algunas técnicas: controles estándares, procedimientos, formación, métodos de observación, registros e informes, presupuestos y personal.

Establecimiento de los estándares. Se define a los estándares como medidas o normas establecidas resultado de procesos y decisiones con el objetivo de conseguir los objetivos de calidad y resultados establecidos por los responsables de alimentos y bebidas. Los estándares se dividen en dos:

- **De calidad.** Son los que definen el tipo de materia prima, el tipo de elaboración, y el tipo de producto final.

- **De cantidad**. Se definen por volumen, cantidad y peso. En este caso es necesario un recetario donde se especifiquen los ingredientes, el modo de elaboración, la presentación del plato y la cantidad, y en el caso de las bebidas un guion sobre la elaboración de la coctelería, tipos de vasos a usar, etc. También, los estándares de cantidad se refieren al personal que se necesita según el número de mesas en la sala y en la cocina según las previsiones de clientela.

Fig. 55. Control de calidad en los ingredientes alimentarios

En cuanto al estándar de los costes. Los costes prevén cuánto va a costar la materia prima, el servicio y de esta manera establecer unas directrices que sirvan de fundamento a los precios de venta, del coste del menú o de las bebidas.

En lo que se refiere a la importancia de los controles de calidad en los alimentos. Los controles de calidad se han convertido en indispensables hoy en día debido a las pérdidas que suponen a las empresas los productos retirados o rechazados del mercado.

La cadena alimentaria es el camino que realizan los alimentos desde la explotación pesquera, ganadera o agraria, hasta la industria de procesado, centro de distribución y la tienda. En la cadena hay cinco eslabones: producción del producto, procesado, empaquetado y almacenado, venta y consumo.

Los peligros en la cadena de suministro alimentaria son varios. Aunque se pueden reducir, existen y conocer los factores que los determinan ayudan a asegurar que se implemente un sistema de calidad global y efectivo.

Los principales riesgos en la cadena alimentaria son los siguientes:

- **Riesgos físicos**. Se refiere a la presencia de cualquier material extraño en el alimento que puede proceder de una contaminación externa o de procesos de elaboración. Las causas de estos riesgos son: defectos en el procesado como restos de metales o plásticos del envasado, contaminación de la materia prima o una mala práctica en la manipulación.

Fig. 56. Es aconsejable no adquirir productos defectuosos

Según el Código Alimentario Español, "un alimento adulterado es aquel al que se le ha añadido o sustraído cualquier sustancia para variar su composición, peso o volumen".

- **Riesgos químicos**. La utilización de productos químicos en el procesado de alimentos y en la producción afecta a la calidad y la salubridad, dado que muchas veces se disfraza el deterioro del alimento con productos químicos haciendo ver que el alimento está bien.

Los aditivos alimentarios como colorantes, edulcorantes, emulsionantes o antioxidantes deben ser aprobados por la ley y deben ser usados bajo unos estándares de calidad.

No obstante, algunos riesgos químicos están presentes de forma natural en los alimentos y son derivados del metabolismo vegetal o animal como en algunos frutos secos, en setas, en moluscos, etc.

- **Riesgos microbiológicos**. Actualmente son los riesgos microbiológicos los que suponen un mayor riesgo. Se trata de los riesgos que suponen un peligro para la salud como la presencia de parásitos, hongos, virus y bacterias y que pueden causar intoxicaciones alimentarias o toxiinfecciones alimentarias. La toxiinfección supone un problema de salud muy grande. La bacteria Salmonella es una de las causas principales de las enfermedades diarreicas en todo el mundo según la OMS. Para reducir estos riesgos es necesario la implementación de sistemas de autocontrol basados en los principios APPCC y llevar a cabo controles de calidad en los alimentos y en los procesos por los que pasan los alimentos hasta llegar al consumidor.

El control de calidad en los alimentos se enfoca en asegurar la calidad del producto, que sea seguro para el consumo, que tenga las características sensoriales y cuantitativas determinadas. Existen todo tipo de controles de calidad en diferentes etapas del proceso de producción y distribución.

Recuerda

Recuerda los principales riesgos alimentarios son: físicos, químicos y microbianos.

6.3. Análisis de Peligros y Puntos de Control Críticos (A.P.P.C.C)

El Análisis de Peligros y Puntos Críticos de Control (APPCC) es un sistema de autocontrol que permite identificar, evaluar y controlar los peligros significativos para la seguridad de los alimentos.

El APPCC "debe tener un carácter científico, basado en la previsión y la prevención de agentes biológicos, químicos y físicos, y ha de ser aplicable a todos los eslabones de la cadena alimentaria (a excepción de la producción primaria)".

El Reglamento (CE) nº 852/2004 establece que "los operadores de las empresas del sector alimentario (industria, comercio, hostelería, etc.) deben crear, aplicar y mantener un procedimiento de control basado en los principios del APPCC. Además, el operador de la empresa será el responsable de garantizar que los productos alimenticios que ofrecen son inocuos para la seguridad alimentaria".

Los 7 principios del APPCC son:

1. El análisis de los peligros alimentarios. Se refiere a la evaluación y recopilación de información sobre los peligros.
2. La identificación de los puntos de control crítico. Consiste en establecer etapas en las que se debe aplicar un sistema de control para prevenir o reducir niveles de peligro.
3. Establecer límites de control y medidas preventivas. Se refiere al establecimiento de temperaturas y tiempos de cocinado.
4. Implantar un sistema de vigilancia de los puntos de control como el uso de básculas, relojes o termómetros.
5. Desarrollar medidas para corregir problemas de seguridad alimentaria.
6. Establecer un sistema de verificación para garantizar que se está realizando el análisis de puntos críticos.
7. Implementación de un sistema de documentación y registros.

Por otra parte, el Reglamento (UE) nº 1169/2011, que establece "la obligación de facilitar a los consumidores la información referente a alérgenos que contengan los productos que la empresa ofrece, haciendo necesario la implantación de un Plan de Control de Alérgenos".

Entre las ventajas de la implantación del APPCC en la empresa alimentaria se destacan:

- Brindar evidencia documentada de la gestión de la seguridad alimentaria.
- Minimización de costes relacionados con intoxicaciones alimentarias y la retirada de productos del mercado.
- Aumentar la confianza de la clientela.
- Proporcionar medios para prevenir errores relacionados con los alimentos.
- Garantizar productos de calidad.

Fig. 10. Los controles de calidad de los alimentos son fundamentales

La implementación del APPCC "es un requisito legal en todas las etapas de la cadena alimentaria posteriores a la producción primaria: sector agroalimentario, productores de alimentos, preparación, tratamiento y transformación de productos alimenticios, servicios de comida, restaurantes y catering, organizaciones que realizan operaciones de limpieza y desinfección, equipos de la industria alimentaria, operaciones relacionadas con el material de envasado y cualquier otra actividad que esté involucrada directa o indirectamente en la cadena alimentaria".

El APPCC (Análisis de Peligros y Puntos de Control Crítico) es el sistema preventivo de gestión de la inocuidad alimentaria de aplicación a toda la cadena alimentaria, desde la producción primaria a la distribución minorista.

El nacimiento de este sistema fue en los años 60, pero no fue hasta 1993 cuando la Comisión del Codex Alimentarius aprobó "las Directrices para la Aplicación del Sistema de Análisis de Peligros y de Puntos De Control Crítico (APPCC) lo cual supuso el establecimiento a nivel mundial de un único referente para la gestión de la seguridad de los alimentos".

En 1993, la Comisión Europea publicó la directiva 93/43 que establecía "la obligación de la implantación de sistemas APPCC para el conjunto de las industrias alimentarias europeas. Esta legislación ha sido modificada posteriormente, aunque subsiste la obligación de la aplicación de los principios del APPCC en el sector alimentario".

6.4. Planes Generales de Higiene (P.G.H)

Los Planes Generales de Higiene (PGH), son el grupo de actividades de prevención básicas y programas que se deben desarrollar en todas las empresas alimentarias para conseguir una óptima seguridad alimentaria. Con los Planes Generales de Higiene (PGH) se intenta controlar los peligros que afectan a la actividad alimentaria.

Cada uno de los PGH requiere unos planes específicos que contienen:

- Los objetivos.
- El procedimiento de ejecución.
- El procedimiento de vigilancia.
- El de verificación y registros.

Los planes específicos son:

- Plan de limpieza y desinfección.
- Plan de control de agua.
- Plan de control de plagas.
- Plan de mantenimiento de equipos e instalaciones.
- Plan de mantenimiento de la cadena de frío.
- Plan de eliminación de residuos.
- Plan de formación de personal manipulador de alimentos.

 **Importante**

Los PGH deben de estar documentados. Se refiere que la empresa debe tener un documento con los PGH y llevarlos a cabo haciendo un registro como aparece en los PGH.

Resumen

En este módulo hemos analizado el proceso de esterilización de los alimentos. Hemos hecho un repaso a la disciplina de la gastronomía desde la antigüedad hasta nuestros días y hemos destacado algunos hechos importantes como la aparición de la Nouvelle Cuisine.

Además, hemos analizado y descrito el proceso de esterilización de los alimentos. La diferencia con el proceso de pasteurización. También hemos descrito algunas de las técnicas químicas y físicas que se usan en el procedimiento de la esterilización como es el autoclave.

En segundo lugar, hemos analizado la técnica del nitrógeno líquido en la cocina profesional. Hemos enumerado y descrito algunas de las técnicas de la gastronomía de vanguardia más utilizadas en algunos restaurantes como son la esferificación o la deshidratación de alimentos. Además, hemos descrito la técnica del nitrógeno líquido, su uso, sus funciones, su técnica y las medidas de seguridad a tener en cuenta al manipular el gas.

A continuación, hemos analizado una técnica culinaria muy utilizada por la mayoría de las grandes cocineras de todo el mundo. Hemos introducido y descrito algunas novedades en la cocina surgidas de la fusión entre cocina y tecnología como son los alimentos en spray, cada vez más utilizados en todos los hogares del mundo, o la cocina molecular, de la cual chefs españoles son los más destacados. Por otro lado, hemos analizado la técnica de la esferificación, en qué consiste, sus características, sus usos, y las diferentes técnicas para realizarla correctamente.

Otra técnica que hemos analizado son las espumas y aires, técnica cada vez más utilizada en la mayoría de los restaurantes. Hemos hecho un repaso al origen de la cocina molecular hasta nuestros días y como ha ido mejorando y alcanzando la fama poco a poco a terminar estando presente en la mayoría de los restaurantes de vanguardia. Además, hemos analizado cómo es la elaboración de las espumas frías y calientes en la cocina moderna. Su importancia, usos, características y métodos.

Dejando atrás las técnicas culinarias, en este módulo también hemos analizado la importancia de la planificación y la organización en las cocinas de los restaurantes. Hemos descrito algunos puntos clave en la organización de los restaurantes como la formación del personal del restaurante, la comunicación entre el personal y asignar las tareas a cada persona para evitar posibles errores. También cabe señalar la importancia de la organización del almacén de los establecimientos hosteleros. Entre las pautas a seguir están la diferencia de las zonas como la zona de frío, zona de caliente, zona de dulce, zona de limpieza, etc.

Por último, se ha estudiado la seguridad alimentaria en establecimientos de hostelería y turismo. Primero, se ha definido la seguridad alimentaria como a las condiciones y prácticas que preservan la calidad de los alimentos, prácticas que evitan las enfermedades de origen alimentario y la contaminación. Además, se han enumerado algunas prácticas para prevenir la intoxicación alimentaria como el uso de guantes o los equipos de protección.

Por otro lado, hemos definido la inocuidad de los alimentos y su importancia. También, algunas medidas para lograr alimentos inocuos.

Hay que destacar la importancia de las medidas de seguridad e higiene que deben conocer los profesionales manipuladores de alimentos para evitar o reducir el riesgo de contaminación alimentaria. Asimismo, se han descrito los planes de higiene general en la industria alimentaria y los sistemas de autocontrol.

Glosario

Adulterado

Alterar fraudulentamente la composición de una sustancia.

Agar

Es una sustancia carragenina, un polisacárido sin ramificaciones obtenido de la pared celular de varias especies de algas de los géneros Gelidium, Eucheuma y Gracilaria, entre otros, resultando, según la especie, de un color característico.

Agricultura sostenible

Es la agricultura realizada de manera sostenible que satisface las necesidades alimentarias y textiles actuales de la sociedad, sin comprometer la capacidad de las generaciones actuales o futuras para satisfacer sus necesidades.

Alginato

Sustancia química elaborada a partir de algas pardas que por sus características de gel tiene diversas aplicaciones industriales y se utiliza en odontología para obtener impresiones dentales.

Alginato de sodio

Es una sal soluble de sodio o potasio que se obtiene a partir de unas algas marinas a las que se conoce como alginas. Los odontólogos utilizan estas sales en forma de polvo y a la que se ha añadido un retardador para controlar el tiempo necesario para su manipulación.

Almidón

Sustancia blanca, inodora, insípida, granulada o en polvo, que abunda en otras feculentas, como la papa o los cereales.

Autoclave

Aparato para esterilizar por vapor que consiste en un recipiente cilíndrico, de paredes resistentes.

Bacteria

Organismo microscópico unicelular, carente de núcleo, que se multiplica por división celular sencilla o por esporas.

Cloruro cálcico

Es un compuesto químico, inorgánico, mineral utilizado como medicamento en enfermedades o afecciones ligadas al exceso o deficiencia de calcio en el organismo y da una coloración naranja-roja a la llama. También es usado en la industria de la alimentación.

Cocina molecular

Es una subdisciplina de la ciencia de los alimentos que busca investigar las transformaciones químicas y físicas que ocurren en los ingredientes durante la preparación de los alimentos.

Compost

Fertilizante compuesto de residuos orgánicos (desechos domésticos, hierbas, deyecciones animales, etc.), tierra y cal.

Contaminación cruzada

Es el proceso por el cual los alimentos entran en contacto con sustancias ajenas, generalmente nocivas para la salud. Un ejemplo típico de contaminación cruzada es el contacto de la sangre de la carne con alimentos cocidos.

Criogenización

Método de conservación en la que se produce una bajada de temperatura de forma muy rápida de los alimentos, con el objetivo de conservar los alimentos 100% naturales para su manipulación posterior.

Despensa

Habitación o lugar de una casa u otro edificio donde se almacenan y conservan alimentos.

Emulsionante

Ayudan a mejorar la frescura y la calidad general de los productos de panadería y pastelería. Son esenciales para mejorar la textura, también aportan robustez al proceso de producción.

Espora

Célula vegetal reproductora que no necesita ser fecundada.

Esterilización química de alimentos

Proceso que involucra el empleo de sustancias letales para los microorganismos, tales como el óxido de etileno y el peróxido de hidrógeno.

Fécula

Sustancia blanca o blanquecina, suave al tacto, insoluble en el agua fría, en el alcohol, en el éter y en los aceites grasos, y que con agua caliente forma el engrudo.

Gelificación

Sustancia que da textura a un producto alimenticio mediante la formación de un gel.

Gelificar

Es una de esas técnicas habituales de la cocina más contemporánea y vanguardista que a priori pueden ser intimidantes, pero que en realidad son sencillas y fáciles de reproducir en la propia cocina. En realidad, la gelificación no es otra cosa que espesar un líquido hasta darle, consistencia de gel.

Gluten

Sustancia pegajosa y de color pardo, formada por proteínas, que se encuentra en la semilla del trigo y de otras gramíneas y que proporciona gran cantidad de energía al organismo.

Hidrato de carbono

Sustancia orgánica sólida, blanca y soluble en agua, que constituye las reservas energéticas de las células animales y vegetales.

Inocuidad

Es la garantía de que un alimento no causará daño al consumidor cuando el mismo sea preparado o ingerido de acuerdo con el uso a que se destine.

Inventario

Lista ordenada de bienes y demás cosas valorables que pertenecen a una persona, empresa o institución.

Iota

Es un hidrocoloide gelificante que se extrae de un tipo de algas rojas. De todas las gelatinas, Iota es la más blanda, su textura va desde una mermelada a un flan. Por lo tanto, es un gel muy blando. Se puede considerar un sustituto del huevo.

Irradiación

La irradiación de alimentos es la aplicación de radiación ionizante a los alimentos, es una tecnología que mejora la vida útil y la seguridad de los alimentos a través de la disminución o eliminación de microorganismos e insectos.

Lecitina de soja

Es el nombre común que se emplea para un producto derivado de la extracción de aceite de soja.

Lípido

Grasa, sustancia orgánica insoluble en agua que se encuentra en el tejido adiposo y en otras partes del cuerpo de los animales, así como en los vegetales, especialmente en las semillas de ciertas plantas

Listeria

Una bacteria que se encuentra en la tierra y el agua. Puede encontrarse en una variedad de alimentos crudos, así como en alimentos procesados y hechos con leche no pasteurizada.

Parásito

Organismo que se alimenta de las sustancias que elabora un ser vivo de distinta especie, viviendo en su interior o sobre su superficie, con lo que suele causarle algún daño o enfermedad.

Patógeno

Es cualquier microorganismo capaz de producir alguna enfermedad o daño en un huésped, sea animal o vegetal.

Perecedero

Que tiene duración limitada, está destinado a perecer, perder su utilidad o validez, o estropearse en un determinado plazo de tiempo.

Salmonella

Es una enfermedad bacteriana común que afecta el tubo intestinal. La bacteria de la salmonella generalmente vive en los intestinos de animales y humanos y se expulsa mediante las heces (materia fecal).

Sifón

Botella, generalmente de cristal, con un mecanismo en su parte superior que abre y cierra la salida a chorro del agua con gas que contiene en su interior.

Sistematización

Es la interpretación crítica de una o varias experiencias que, a partir de su ordenamiento y reconstrucción, descubre o explica la lógica del proceso vivido, los factores que han intervenido en dicho proceso, cómo se han relacionado entre sí y porqué lo han hecho de ese modo.

Stock

Conjunto de mercancías o productos que se tienen almacenados en espera de su venta o comercialización.

Ejercicios de autoevaluación

1. **El objetivo de la esterilización de los productos envasados en envases o recipientes cerrados herméticamente es:**

   a. La eliminación y destrucción de todas las bacterias contaminantes, incluidas las esporas.

   b. Estudia los alimentos en condiciones manipuladas.

   c. Eliminar las sustancias nocivas para la salud.

2. **Los rayos gamma se utilizan:**

   a. Para broncearse en cabinas especiales.

   b. Para ingresar en asociaciones de vecinos.

   c. De forma rutinaria para esterilizar productos médicos, dentales y para el hogar.

3. **¿Para qué sirve un deshidratador?**

   a. Para secar carne y pescado.

   b. Para deshidratar frutas y verduras de forma muy rápida.

   c. Un aparato para asar alimentos.

4. **La esferificación:**

   a. Se deriva de la intención de buscar una forma de esfera.

   b. Se trata de una técnica culinaria que se usa para lograr encapsular un alimento líquido o una crema en una fina membrana de textura gelatinosa.

   c. Todas las respuestas anteriores son correctas.

5. Cuando la esfera a realizar es más grande se debe:

a. Sacar rápidamente de la solución de alginato.

b. Dejar más tiempo en la solución de alginato.

c. No introducirla en la solución de alginato.

6. La cocina molecular es:

a. Una disciplina científica que ha abierto nuevas posibilidades dentro de la gastronomía.

b. Un tipo de cocina mediterránea.

c. Un tipo de cocina en el que se investigan las ecuaciones e integrales.

7. ¿En qué ayuda el ingrediente emulsionante?

a. Al mejorar la textura, también aportan robustez al proceso de producción.

b. Colar la mezcla antes de introducirla en el sifón.

c. Batir la mezcla con más rapidez.

8. ¿Qué tipo de alimentos son los perecederos?

a. Los que tienen duración limitada.

b. Los que están destinados a desaparecer.

c. Todas las respuestas anteriores son correctas.

9. ¿Con qué se deben lavar los utensilios antes de la manipulación de alimentos?

a. Con lejía y amoniaco.

b. Con agua caliente y jabón.

c. Con aguardiente.

10.¿Cuál es uno de los objetivos del desarrollo sostenible?

a. Consumir más.

b. El acceso a una alimentación nutritiva y saludable.

c. Aumentar la población en el mundo.

Aplicaciones prácticas

Aplicación práctica 1. Técnicas de cocina

Módulo 1. Restauración, cocina al vacío y pasteurización

Realiza una ficha técnica con las principales técnicas de cocina en restauración diferida que hayas aprendido.

Recuerda incluir:

- Ingredientes.
- Proceso de elaboración.
- Material utilizado.
- Tiempo para la elaboración.

Aplicación práctica 2. Sistemas de conservación

Módulo 1. Restauración, cocina al vacío y pasteurización

Realiza un esquema sobre el frío en la conservación de los alimentos.

A continuación, realiza un cuadro comparativo con los sistemas de conservación de los alimentos bajo refrigeración. Además, añade la temperatura a la que deben conservarse alimentos como el pescado o las verduras.

Aplicación práctica 3. Novedades culinarias

Módulo 1. Restauración, cocina al vacío y pasteurización

Escribe una lista con las principales novedades en cuanto a costumbres e ingredientes surgidas tras la pandemia.

A continuación, señala las que más te han sorprendido, justifica la respuesta y da tu opinión sobre la posibilidad de que funcionen en un futuro o no.

Aplicación práctica 4. Proceso de pasteurización

Módulo 1. Restauración, cocina al vacío y pasteurización

Realiza una breve introducción para estudiantes jóvenes sobre el proceso de pasteurización indicando el origen del proceso, su descubridor y su importancia.

Aplicación práctica 5. Descripción de esterilización

Módulo 2. Esterilización, criogenia, esferificación, planificación y seguridad alimentaria

La esterilización de los alimentos es un proceso de orígenes antiguos, de la época en la que el ser humano descubrió el fuego y como consecuencia los beneficios de someter los alimentos a determinadas temperaturas.

Realiza una pequeña descripción sobre:

- El proceso de la esterilización.
- Su origen y las técnicas que más se usan.
- Las razones por las que se usa esta técnica en muchos restaurantes.

Aplicación práctica 6. Cocina de vanguardia

Módulo 2. Esterilización, criogenia, esferificación, planificación y seguridad alimentaria

Realiza una breve presentación sobre la cocina de vanguardia teniendo en cuenta los siguientes aspectos:

- Dónde se originó.
- Los principales exponentes.
- Características.
- Las técnicas más representativas.

A continuación, da tu opinión acerca de las distintas técnicas y explica si has tenido alguna experiencia con alguna de ellas.

Aplicación práctica 7. Postres con sifón

Módulo 2. Esterilización, criogenia, esferificación, planificación y seguridad alimentaria

Escribe una guía de cómo usar el sifón de cocina en la elaboración de espumas calientes y frías.

A continuación, realiza una ficha técnica de un postre realizado con sifón, los ingredientes y los pasos a seguir.

Ejercicio de evaluación final

1. Un sinónimo de rebozar es:

   a. Saltear.

   b. Empanar.

   c. Esterilizar.

2. ¿En qué consiste pochar huevos?

   a. Hervir huevos durante mucho tiempo.

   b. Cocer alimentos en frío.

   c. Consiste en la cocción de un alimento en agua, pero sin que llegue a hervir.

3. La maduración de pescados se realiza:

   a. Se realiza sobre todo para evitar el malgasto de alimentos y así conseguir venderlos todos.

   b. Para exportar los pescados.

   c. Para abastecer a los supermercados.

4. ¿Qué son los prebióticos?

   a. Son fibras animales con gran cantidad de proteínas.

   b. Son fibras vegetales que se encuentran en azúcares de la fruta o legumbres.

   c. Fibras musculosas.

5. ¿Qué significa flambear?

   a. Consiste en rociar un plato o preparación con un licor y prender fuego.

   b. Se usa con platos salados como carnes y platos dulces como postres.

   c. Todas las respuestas anteriores son correctas.

6. ¿Para qué se utiliza el brazo robot de cocina?

a. Se usa para remover o mezclar frituras, guisos o cremas de manera continua.

b. Para peinarse y teñirse el pelo.

c. Para hacer la compra online.

7. ¿De dónde es originario el hongo Koji?

a. De Rusia.

b. De Japón.

c. De Guatemala.

8. ¿Dónde se ha inaugurado la primera fábrica de carne sintética?

a. En Israel.

b. En Gibraltar.

c. En Mónaco.

9. ¿Cuándo comenzó a utilizar la técnica de la cocción al vacío?

a. Hace 3 siglos.

b. En la década de los 70 del siglo pasado.

c. Hace un par de años.

10. ¿Qué es la cocción en medio graso?

a. Son las técnicas que usan aceites, mantecas para la cocción de alimentos a altas temperaturas como los salteados.

b. Son las técnicas para cocer huevos al baño maría.

c. Técnicas de saltear.

11.¿Qué significa escaldar?

a. Freír carne.

b. Consiste en introducir algo en agua hirviendo durante poco tiempo.

c. Trocear los alimentos.

12.¿Qué es la cocina en medio ácido?

a. Trata de sumergir el alimento en un aliño cítrico.

b. Cocinar con ácido corrosivo.

c. Cocer en ácido cítrico.

13.¿Cómo se realizan las salsas frías?

a. En caliente.

b. Al punto de ebullición.

c. Se realizan en crudo y generalmente son salsas emulsionadas.

14.¿Qué nacionalidad tiene Louis Pasteur?

a. Suizo.

b. Francés.

c. Húngaro.

15.¿Cuál de las siguientes no es una técnica culinaria?

a. Coser.

b. Hervir.

c. Hornear.

16. Pasteur cursó estudios sobre:

    a. La televisión.

    b. Las tecnologías.

    c. La fermentación.

17. ¿Qué es la pasteurización?

    a. El proceso de calentar y posteriormente enfriar un producto alimenticio a una temperatura específica durante un tiempo concreto.

    b. El procedimiento de calentar leche.

    c. El proceso de enfriar los alimentos.

18. ¿Cuánto tiempo se conservan los productos pasteurizados?

    a. Más de un año.

    b. Entre dos y tres semanas.

    c. Dos días.

19. ¿Qué es la pasteurización lenta?

    a. Un proceso donde se enfría la leche de forma rápida.

    b. Se trata de calentar la leche de forma rápida.

    c. Se trata de calentar una gran cantidad de líquido a baja temperatura durante mucho tiempo y después, se deja enfriar.

20. Los zumos tienen un pH:

    a. Neutro.

    b. Ácido.

    c. Doble.

21.La gastronomía es la ciencia que:

a. Estudia las relaciones entre las personas.

b. Estudia las relaciones de las personas con sus hábitos y costumbres de la alimentación y con el entorno cultural.

c. Estudia las relaciones del medio ambiente con las personas.

22.¿Cuándo surgieron las industrias de conservas?

a. Durante la revolución industrial.

b. Durante la civilización mesopotámica.

c. En la época bizantina.

23.La Nouvelle Cuisine trata:

a. De elaborar comida rápida.

b. De unir sencillez y tradición en una nueva manera de cocinar.

c. De experimentar con productos químicos.

24.La gastronomía Gourmet:

a. Se trata de las tendencias culinarias de vanguardia.

b. Se trata de la experimentación con conservas.

c. Se trata de la cocina mediterránea.

25.La esterilización es:

a. Un método químico porque emplea nitrógeno y plutonio.

b. Es un método físico porque no se emplean gases ni reactivos químicos.

c. Es un método microbiológico.

26.¿Qué es una autoclave?

a. Un medio de transporte público.

b. Un avión ultra rápido.

c. Es una máquina que usa la combinación de vapor y alta presión con la finalidad de transferir calor a los artículos o productos colocados dentro.

27.¿Qué es la filtración?

a. Se trata de un proceso que va a impedir el paso de microorganismos de un ambiente a otro.

b. Se trata de filtrar aire en los globos.

c. Se trata de filtrar el arroz.

28.¿Qué es la deconstrucción?

a. De destruir edificios.

b. De edificar barrios.

c. Es una técnica creada por Ferrán Adriá en su restaurante El Bulli. Una de sus más famosas creaciones fue la tortilla de patata líquida con espuma presentada en una copa.

29.El nitrógeno líquido consiste:

a. Sumergir el alimento en nitrógeno y congelarlo inmediatamente.

b. Colocar alimentos en agua salada.

c. Cocinar con agua.

30.La cocción al vacío:

a. Se usa para conservar alimentos durante años.

b. Se trata de cocer al vacío a una temperatura baja durante un tiempo largo.

c. Se trata de hornear pasteles.

31.¿Qué es el Pacojet?

a. Un utensilio para mezclar la comida.

b. Un robot de cocina.

c. Un aparato para preparar sorbetes y helados y platos salados como rellenos, salsas o mousses.

32.El nitrógeno líquido se conoce:

a. Por su capacidad para conseguir congelar y refrigerar todo tipo de sustancias, tanto artificiales como biológicas.

b. Por calentar el horno.

c. Por congelar ropa.

33.La cocina molecular trata:

a. De usar moléculas de aire en la cocina.

b. De conservar alimentos en moléculas.

c. Se basa en experimentar con la física y la química en la cocina para conseguir nuevas texturas y sabores.

34.¿Cuál de los siguientes instrumentos no se utilizan para la esferificación?

a. Cuchara perforada.

b. Tenedor.

c. Colador.

35.Las espumas y los aires:

a. Se trata de emulsiones producidas entre un gas y un líquido.

b. Se usa como base un emulsionante y se monta con el sifón.

c. Todas las respuestas anteriores son correctas.

36.Las espumas pueden ser:

a. Dulces o saladas.

b. Amargas y ácidas.

c. Frías y ácidas.

37.La organización en la cocina es:

a. Es importante para aumentar las ganancias.

b. Es vital para lograr la máxima eficacia, optimizar el tiempo y el trabajo y conseguir la satisfacción de la clientela.

c. Es necesario para conseguir más ventas.

38.¿Dónde se encuentra la zona de frío?

a. Zona cercana a los frigoríficos, neveras y cámaras y donde se realizan los platos fríos.

b. Zona cerca de la salida de emergencia.

c. Zona cerca del bar.

39.¿Qué sucede con los parásitos y bacterias si no se manipulan los alimentos correctamente?

a. Se expanden a otros alimentos.

b. Se eliminan.

c. Se destruyen

40.Los problemas estomacales pueden ser graves en:

a. En mujeres embarazadas.

b. En chicas de 20 años.

c. En hombres de 50 años.

Solucionario

Módulo 1. Restauración, cocina al vacío y pasteurización

1. c

2. a

3. a

4. b

5. a

6. a

7. a

8. b

9. c

10. b

Módulo 2. Esterilización, criogenia, esferificación, planificación y seguridad alimentaria

1. a

2. c

3. b

4. c

5. b

6. a

7. a

8. c

9. b

10. b

Bibliografía

Legislación

Real Decreto 1109/1991, de 12 de julio de 1991, por el que se aprueba la Norma General relativa a los alimentos ultracongelados destinados a la alimentación humana.

Textos electrónicos

Esterilización por calor húmedo [en línea]. Gutiérrez de Gamboa, Sofía.

http://www.ucv.ve/fileadmin/user_upload/facultad_farmacia/catedraMicro/10_Esteriliz aci%C3%B3n_por_calor_h%C3%BAmedo.pdf

Webgrafía

Almacenaje y organización en la cocina
https://aprende.com/blog/emprendimiento/restaurantes/almacenaje-y-organizacion-de-la-cocina/

Análisis de peligros y puntos críticos de control
https://www.prevensystem.com/internacional/9/consultoria-.html

Avances tecnológicos para técnicas culinarias del mundo
https://www.expohip.com/avances-tecnologicos-tecnicas-culinarias/

Biografía de Louis Pasteur
https://www.biografiasyvidas.com/biografia/p/pasteur.htm.

Cómo realizar la técnica de la espuma

https://cookingacademy.es/food-lovers-blog/recetas/como-hacer-la-tecnica-de-la-espuma/

Conservación de alimentos

https://www.restauracioncolectiva.com/n/bases-de-los-metodos-de-conservacion-de-los-alimentos-mediante-el-calor-i

Conservas alimentos mediante calor

https://www.consumer.es/seguridad-alimentaria/conservar-alimentos-mediante-calor.html

Control de calidad de alimentos

https://saia.es/control-calidad-alimentos/

Control de calidad

https://www.hosteltur.com/comunidad/002789_crm-del-de-toda-la-vida.html

Criogenización de alimentos

https://www.hamburguesaseizaguirre.com/criogenizacion-de-alimentos-que-es/

Efectos del PH y la acidez en alimentos

https://www.terrafoodtech.com/efectos-ph-conservas-y-platos-preparados/

Envasado al vacío

https://www.restauracioncolectiva.com/n/en-envasado-al-vacio

Esferificación como técnica de vanguardia

https://www.gasma.es/esferificacion-tecnica-vanguardia/

Esterilización de alimentos en conserva

https://www.terrafoodtech.com/esterilizacion-alimentos-conserva/

Gamas alimentarias

https://www.prevensystem.com/internacional/524/noticia-gamas-alimentarias.html

Importancia de la manipulación de alimentos

https://www.euroinnova.edu.es/12-7-30/importancia-de-la-manipulacion-de-alimentos

Las mejores técnicas para emplatar

https://www.tillersystems.com/es/blog/las-10-mejores-tecnicas-para-emplatar-y-decorar/

Nitrógeno líquido

https://www.endesax.com/es/es/historias/2021/nitrogeno-liquido-cocina

Qué son las gamas alimentarias

https://www.consumer.es/seguridad-alimentaria/que-son-las-gamas-alimentarias.html

Técnica de esferificación

https://www.cocinista.es/web/es/recetas/cocina-molecular/esferificaciones/la-tecnica-de-la-esferificacion.html

Técnicas de conservación de alimentos

https://www.quironsalud.es/es/comunicacion/notas-prensa/tecnicas-conservacion-alimentos

Técnicas innovadoras en cocina

https://escueladecocinacamba.es/tecnicas-innovadoras-de-cocina-esferificaciones/

Ultracongelación de alimentos

https://www.consumer.es/seguridad-alimentaria/ultracongelacion-de-alimentos.html